关键词里看中国

财经热词背后的中国经济真相

马红漫◎著

ZHEJIANG UNIVERSITY PRESS
浙江大学出版社

第一篇
放眼全球,把脉经济格局

第二篇

解读资讯,诊断投资市场

第三篇

探索真相,剖析行业热点

第四篇
洞察世事,关注社会民生

财经评论不应只会"骂人"

在当前国内外错综复杂的经济环境下，社会大众非常需要财经媒体能够对每天都在发生的、影响自己生活、财富的经济事件，及时做出深入浅出的解读。而在我所看到的国内诸多财经解读、点评类的电视节目中，《财经关键词》是其中最有创意、最有启发性、最有影响力的节目之一。

这档节目把每天纷繁复杂的经济事件通过最简练的"关键词"加以聚焦、凝炼、诠释，让人一目了然，过目不忘。尤其是主持人马红漫博士独到的分析视角和犀利的点评风格更是给我留下了深刻的印象。马博士的节目特色是擅长用通俗的语言解读深奥的财经新闻,并且能够一针见血地指出事件背后的来龙去脉。事实上,世界上最难的事情恰恰就是把一件复杂的事情用简单的方式进行表述,最容易的事情则是东拼西凑的长篇大论。

此外,财经评论的核心其实不是破题,而是立论。大部分的评论都是以破题为主,立论匮乏。面对现实的经济现象,发现问题往往很容易,但是解决问题却很复杂。《财经关键词》节目的旨趣除了指出问题之外,其优势还在于能够针对中国的宏观经济调控政策、资本市场和制度建设,以及产业发展的逻辑规律,给出建设性的意见。

之所以这么讲,是因为中国的经济发展是一个非常复杂的模型,如果按照常规经济理论的表述,中国经济难免已经处于困境之中,但现实情况是,中国经济虽然问题多多,但同时也生机勃勃。所以,对于中国经济的发展,批评分析固然重要,但更重要的是寻找到其发展的内在优势与逻辑。我们需要摒弃缺点,但同时更需要张扬我们的优势,所以理性和建设性才是财经评论最为关键的要害,至于批判性倒是其次了。而《财经关键词》节目的优势与特点正在于此,纵观日常节目和这本收集了节目精华的图书,一般性的评论分析自然不可或缺,但其中的制度建设建议则尤为重要,更加值得我们去认真阅读,并且进一步思考和借鉴。

如今,《财经关键词》节目组把一个阶段来中国财经领域发生的大事,通过最引人注目的关键词的形式进行总结归纳,汇集成册,展现在全国的读者面前,让我们得以再一次回顾和领略这档节目曾给我们带来过的豁然开朗和引人深思的经济乱象。我相信即使是第一次阅读本书的读者,也会像我们一样,被这些携带着中国经济发展起伏韵律的"关键词"所深深地牵动。我相信,唯一的区别一定在于,在阅读这本书的过程中,将越来越激起你们对《财经关键词》这档特别的财经节目的好奇心。

孙立坚

复旦大学金融研究中心主任

经济学院副院长

捕捉火热时代的财经关键词

我们生活在全球经济弱复苏的时代。

2008—2009 年的国际金融危机给世界经济以沉重的打击,至今发达经济体仍徘徊在弱复苏的道路上。为拯救经济,发达国家在"山姆大叔"的带领下数年如一日地推行定量宽松的货币政策,导致全球流动性十分宽裕、美元泛滥,为日后的通胀深深地埋下了伏笔。国际资本频繁进出新兴经济体,搅动了后者的物价、房价和汇率,以至于相关经济体忙不迭地调整宏观政策加以应对。

我们生活在经济转型发展的时代。

随着资本回报率逐步回落、人口红利和全球化红利的明显消退以及资源要素配置市场化程度持续下降和协同效应的减弱,中国的潜在增长率已然从过去30年平均10%的年增长率降至7%~8%。在经济增速明显下降、总需求增长迅速放缓的条件下,产能过剩如同一场传染病,一夜之间迅速扩散。那种不顾环境恶化、过度依赖要素投入和物质消耗的经济发展模式正在面临严峻的挑战。中国经济发展方式的转型已迫在眉睫,中国经济亟需改革。未来中国经济需要切实改变"重速度,轻效益"、"重外延扩张,轻内涵提高"、"重数量增长、轻质量提升"的状态,讯速向主要依靠技术讲步、劳动者素质提高和管理创新转变。

我们生活在全新的改革时代。

虽然过去30多年来改革取得了很大成效,但未来改革仍旧是中国最大的红利。未来资源品价格、财税体制、金融体制、行政体制、土地制度以及户籍制度等六大领域存在着巨大的改革空间,全面深化改革的路线图正在绘制之中。人们对改革报以极大的热情,寄予了很大的希望,改革对未来中国经济转型和发展的推动值得期待。

火热的时代尤其需要捕捉财经关键词。

马红漫博士以其良好的经济学功底和犀利的市场眼光,观察和审视了我们所处的火热时代。一方面放眼全球,把脉国际经济政策走向和经济运行格局;另一方面则憧憬国内经济转型和改革态势,揭示了未来我国经济发展的动力与趋势。一方面从宏观着眼,解读财政政策、货币政策和产业政策;另一方面则分析市场和行业资讯,以期为投资者提供有价值的信息,为投资决策提供咨询参考。一方面诊断投资市场,毫不留情地揭露市场上此起彼伏的疾病、陷阱、骗局以至于围城现象,促使投资者警醒;另一方面又努力剖析行业热点,探索行业竞争、崛起、转折以及突破的真相,给人们以启迪。一方面深入剖析行业垄断和不当暴利等社会不公平现象,揭露其背后的制度根源;另一方面则关注社会民生,分析物价变化,探索养老和医疗体制改革等难题,袒露了作为一名青年学者和成熟媒体人经世济民的情怀。

　　本书涉猎很广,同时注意捕捉时代的热点,具有视野宽阔、深入浅出的特点。更值得指出的是,在分析林林总总的关键词时,马博士针对性地运用了相关的经济学原理,在分析实际问题时展现了较好的方法论,因而成为市场投资者不可多得的读本。

连 平

交通银行首席经济学家

　　财经是一门看似阳春白雪的学问。由于财经内容必然会和诸多数据、图表联系在一起,所以如何对其进行通俗化表达的问题长期困扰着电视媒体。

　　面对这一难题,作为上海电视台第一财经频道推出的一档新闻评论节目,《财经关键词》栏目在2008年10月开播后,始终致力于向大家打造一个"好玩的财经评论"平台。

　　就电视节目本身而言,《财经关键词》在表达上至少实现了一些历史性的突破。其一,电视节目以基本固定主持人讲述的形式展开,保证了评论观点的一贯性和连续性;其二,节目主持人作为科班出身的经济学博士,其个人特色可以在节目中得到充分彰显,在嬉笑怒骂之间表达出对于财经世界的看法与观点。

在一个信息化的时代，每天我们都被各种碎片化的信息所覆盖，再加上"标题党"的盛行，导致许多人对新闻不明就里、财经信息被误读的问题越发严重。而《财经关键词》节目的立意就是对纷繁复杂的财经资讯进行梳理，并对其中的关键热点进行通俗解读。经过几年的努力，《财经关键词》在上海乃至全国已经颇具影响力，受到了观众们的普遍好评，甚至成为了很多投资者每天必看的财经评论节目。

对于电视技术表现，我们握有足够的媒体信心；对于财经话题，我们拥有深入浅出的表达能力。在这档节目中，容易产生视觉疲劳的技术指标、图形分析一般都不会出现，而令投资者们困惑的学术术语也不复存在。因此，《财经关键词》最大的优势就在于，能够以通俗的语言直白地告诉观众，时下热点的财经新闻究竟是什么含义，这些新闻又能够改变什么。而作为评论类节目，《财经关键词》更为重大的意义则在于告诉观众，理想的财经世界究竟是什么样的。总而言之，我们正在努力剖析一个并不完美的财经世界，同时也在尽力展示一个我们梦想中美好的财经家园。

但是，基于一档成功的电视节目，特别是相对专业的财经节目内容要想成功转化为图书的形态来出版，其实并不是件容易的事情。《财经关键词》节目最突出的特征就在于口语化表达与通俗化表现，但这恰恰是图书出版所忌讳的。因为任何口语的东西，一旦以原样的文字记述下来，读者都会感到古怪。为了解决这个问题，节目组与出版方进行了多次详尽而繁复的沟通，因为我们需要修改文字，以使其在适合阅读的同时尽可能保持口语化评论的"原汁原味"。当然，对于读者朋友们而言,我们也恳请大家能够改变传统"端着"的阅读方式,让我们以和朋友交流聊天的轻松语态,来开始每天一次的财经世界阅读旅行。

"理财的馅饼居然是个陷阱"、"iPhone 不仅仅是一部手机",看看这些标题,您就可以知道我们要做的是最适合看、同时也是最适合听的财经评论。所以,您不妨这样来理解这本书,那就是这本书里面的每一段文字,都是一位经济学博士在和您交流宏观经济、投资市场、产业经济以及生活百态。而这个喜欢开玩笑的博士其实就是您的知己、朋友,他会尽量用最简单且易懂的语言,去描述他所理解的财经世界。

当然,也许一个人的观点并不完善和全面,但这并不会妨碍您的独立思考,因为您在和朋友的日常交流中也不会完全认同对方的个人观点,而是希望在沟通中获得另类的视角与独特的解读,而这恰恰就是我们出版这本书所追求的目标所在。

马红漫

第一篇
放眼全球，把脉经济格局

信心逻辑　宽松游戏　**悬崖起舞**　区域经济　自我修复

经济寒冬　**钱从何来**　循序渐进　刮骨疗毒　**微弱复苏**

转型时机

改革红利　金融动力　新城镇化　**税改扩容**　国地合并

第一章
给你一双看懂世界的眼睛

信心逻辑

在 2012 年 9 月 14 日的早上可以看到两大资讯：一条是各媒体都在连篇累牍地解读美国的 QE3；另一条则或多或少地被大家忽略了——七成 A 股账户一年来零交易，空仓账户过半。

这一段时间里，我遇到一些朋友，他们说："老马，我很喜欢你的节目。"但紧接着的第二句话就是："你现在还做节目吗？"从中，你就可以知道大家对投资市场的态度了。

他们对市场是有兴趣的，就像对我的节目有兴趣一样。但基于投资市场的现状，很多人都不玩股票了，这是一种信心丧失的表现。所以，美国选择在 2012 年 9 月推出 QE3，要解决的就是信心问题。但很遗憾，QE3 解决的不是中国的信心问题。

金融心理学有一个很重要的理论，就是当一只股票要跌到五块钱时，如果有人承诺将无限量地买入，其结果就是股票根本不会跌到五块，比如在五块五毛五或者五块六就直接反弹了。这说明当有个最终买单人真正愿意出来买单的时候，股价根本就跌不到最低预期价格，抛出也是一样。QE3 正是应用了这一理论。从整个资金容量来讲，每个月购买 400 亿美元的抵押贷款，这规模不算大，但有个好处就是"无限期"。所谓"此恨绵绵无绝期"，这恨是一辈子的。

QE3 也是如此，按他们自己的话来说，一直要等到美国经济复苏、就业开始恢复之后，QE3 才考虑终结。这不就是一颗定心丸吗？此意就是在告诉投资者：只要美国经济敢往下走，我就敢买；只要美国股票敢下挫，我就敢给它撑起来。这就是所谓的定心丸。所以，这逻辑不难理解。

为什么美盘会大涨，而 A 股就是涨不起来呢？冲高回落，五个交易日即使被抹掉，也对市场毫无影响。其原因就在于对 A 股市场来说，QE3 不是一个实打实的利好。美国人为股市买单，原因很复杂，比如说本·伯南克想借此保住自己美联储主席的位置——据说共和党的总统候选人宣称，如果他将来当选了，伯南克就要下台了。这其中牵涉许多政治因素，十分复杂。

也许有人会问，这些都是美国国内的事情，与我们的 A 股有关系吗？当然有关系。我们可以立足整体来回顾下，如果从金融市场救市的角度来讲，从 QE1 到 QE2 再到 QE3，"三而竭"的倾向已越来越明显了。

我们可以看到，QE1 的时候道指（道琼斯指数）上涨了30.82％；沪指也因此上涨了 52.89％；但到了 QE2 的时候效果就打折了，道指上涨了 10.95％，沪指反而下跌了 9.3％；到了 QE3 的时候，美国股市依然上涨，但我国 A 股市场已经不受影响了。所以，"一鼓作气，再而衰，三而竭"，到了"三"的时候就基本上玩不下去了。而且到了"三"之后，你就会发现情况变得非常诡异。美国还在玩 QE3，但目的已经不是资本市场了，美国股指已经完全反弹回到了金融危机之前。想想看，美国是那波金融危机的始作俑者，是"大坏蛋"，但现在这个坏蛋早已把坏事给抹平了，和这些坏事划清了界限。但是 A 股市场却被拖住了。美国需要解决的不是资本市场问题，而是就业压力、失业率的问题。而制约我国经济发展的恰恰是资本市场的问题，资本市场背后是一个基本面的问题。那如何理解基本面的问题呢？

中国经济的长期增速趋缓是一个必然的趋势，2012 年，中国经济的增速为 7.8％，再加上美联署 QE3 大量印钞的动作，全球的美元指数都会往下掉，这导致的结果是大宗商品价格飙升。中国有一个特点，买什么什么涨，卖什么什么跌，很多东西我们还没出手，就已经开始涨价了，而需求依然存在。所以，伴随着中国经济增速

的减缓，QE3所推动的物价上涨趋势会越来越明显。所以用"停滞"来形容经济发展的程度是准确的，再加上一个"涨"，就是基于美元贬值而导致的大宗商品价格的上涨，即所谓（货币）推升的通货膨胀，这对中国经济来说确实是一个负面影响。虽然也不至于极端糟糕，但至少这样一个趋势对 A 股市场而言不是一个利好消息。QE3 对于美国经济来说也并非雪中送炭，而是一件锦上添花的事情。

宽松游戏

当我们把目光焦点集中到美国的 QE3 时，会觉得这个"货币宽

6

松游戏"从美国到欧洲都在玩,欧洲表现得更加明显。欧洲是最早提出无限量购买债券的,当时这一举动像是给市场打了鸡血一样,反响强烈。德国法院批准欧洲永久救助基金是符合法律规定的,而荷兰大选的结果也是偏救助的一方获得了胜利。所以,总体来讲,欧洲强势的、能够给予资金援助的国家,越来越一致地来维护欧洲经济的增长。ESM(European Stability Mechanism,欧洲稳定机制)和OMT(Outright Monetary Transaction,直接货币交易计划)就像两个巨大的泡沫,推着整个欧洲经济往上走。

但是很多人都读不懂这个无限购债的风险。无限购债并不是无条件购债,就像黄世仁借钱给杨白劳,肯定是要在一段时间之内让杨白劳还钱的。这是很重要的一点。希腊就是那"杨白劳",他想要拿到这些援助资金,就必须付出代价。什么代价呢? 这其中就包括财政方面的紧缩措施。

希腊是真没钱了。在极度缺钱的状态下,出现了各种古怪的行为。比如说希腊为了找钱,于是找到了40多个无人居住的荒岛,开始往外出租,这是一招。另外一招听起来更加匪夷所思:希腊的财政部成立了一个工作组,准备向德国索要第二次世界大战时候的赔款。这已经是好几十年前的事情了,但愣是被希腊翻了旧账,就因为两个字——缺钱。

而欧洲的救援机制,其实依然没有跳出经济增长的漩涡。这些国家缺钱,然而借到钱之后,就开始财政紧缩,而财政紧缩之后拉动经济增长的主要推动力就没有了。按照凯恩斯理论,在经济衰退最严重的时候,民间资本是没钱的,就得靠政府资金往下砸。结果呢,政府的财政又要紧缩,财政一紧缩就没有钱去推动经济增长,将来拿什么来还钱呢?

所有这些形成了一个恶性循环。所有欧洲的政策虽然能够缓解"崩盘"的风险——所谓崩盘,就是整个欧元区彻底崩裂,某些国家退出欧元区——但它并不意味着欧洲的债务危机能够彻底地解决。

回过头来看美国,自从美国推出 QE3 以后,对市场的影响越来越大。但是这个货币宽松之后的解决方案又是如何呢?所以我们现在真正面临的问题在于,全球经济都在重启着宽松政策的思路,除了中国的央行和财政部门。但是,谁在为经济复苏买单呢?换句话说,一个人破产了,我们可以通过各种债务协议或者债务方法来借钱让他继续活下去,但并不意味着这些债务消失了,永远需要一个人来买单。某种意义上来讲,如果我们损一点,就建议现在各个央行,包括中国央行在内,大家都比着去印钱,不印钱的话就会因为大宗商品价格上涨而把民众的财产给吞噬掉了。还有中国人大胆购买的美国国债,现在看起来花花绿绿的美钞,会越来越不值钱,人民币越升值,中国产品出口的压力就会越大,外贸出口年均增长 10% 的目标就越来越难实现。

从某种意义上来讲,中国的央行面临两大问题。一方面,真正意义上的欧洲央行所实施的这种货币宽松政策对于中国造成了巨大伤害,无论是政治上还是经济上必须要作出一定的利益让渡,这是一个重要的协商前提。另一方面,作为一个特定的目标,如果西方国家不作出一个利益上的让渡的话，那就必须接受中国央行下一步采取的措施。比如说中国也来印钞票，比如介入到债券融资的资金当中去，我们需要一个更高的保障。我们可以借钱给欧洲解决债务危机，但是要得到一个很高的利率回报。

每次的金融危机，不管是次贷危机还是当年的东南亚金融危机，强势的债权国总是从债务国身上赚足了油水，今天的中国应该考虑效仿当年的美国，在东南亚经济危机当中避免遭受损失，反而有利可图。所以现在中国应该思考这样一种利益诉求，而不是为其他国家、其他经济体的复苏买单，任人宰割，这是我们现在应该做的事。

悬崖起舞

在 2012 年有好几个月的时间，我们一直在判断，美联储到底会在什么时候推出 QE3，它的市场效果会如何，这也为我们提供了很多新闻选题。当我们没有新闻的时候，就用这条新闻来撑一下门面。结果 QE3 磨磨唧唧好不容易出台了，而 QE4 这个小弟就紧跟其后接踵而来。QE3 之后紧接着 QE4 突然间就出现了，原因是什么呢？

有人会认为，在财政政策、货币政策方面，美联储是相对独立的，它不受太多的政策因素、国会因素的影响，是独立的央行。但实际上呢？也不尽然，QE4 就是一个明证。美国目前经济发展最大的问题是什么呢？就是到 2012 年年底所谓的财政悬崖，届时将会有税收增加，导致财政的压力很大，又不能减免税，财政悬崖马上就要掉下来了。这其实是美国党派、国会、政府要解决的问题，在 2012 年接近年末的时候，这个问题一直没有实质性突破，然后就倒逼国会和央行的货币政策来作出让步。财政那边没有解决，美联储就非常着急，于是迫不及待地把这个 QE4 给推出来了，大概是想通过这样的扭转操作，继续进行资金的推出。美联储推出每个月 450 亿美元额度的购债项目来取代扭转操作，并维持每月 400 亿美元的抵押贷款担保证券采购项目不变。QE3 加上 QE4，美联储每月总的资产采购额达到 850 亿美元。

现在要做股票，特别是国际市场，要是不懂点金融知识，很难有所进展。很多人搞不明白什么是"扭转操作"，实际上它就是在压低市场的利率水平，让融资成本比较低，那么大家就会去多借钱、多投资，这就是所谓的扭转操作的核心含义。

其实不用理解得过于复杂，对于这件事情，美国上下从央行到各个政党再到国会、政府都在努力地解决这个财政悬崖。虽然美国看起来在政策方面的压力很大，但财政悬崖真的会掉下去么？不可能！

美国的经济纷争在于技术层面，在于党派之间的政策层面，到了最后的关口，没有人愿意去背这个黑锅。要是美国掉下财政悬崖了，掉到底、摔死了，谁来承担这责任呢？民主党跟共和党谁都不愿意承担，所以解决美国所谓的经济纠纷是早晚的事儿。

同时要考虑美国的货币政策对中国经济的影响。中国和美国这两个经济体的经济关联度非常之高，当美国突然玩这种货币宽松政策的时候，对中国会有什么样的影响呢？这一点也值得关注。

实际上，美国的货币政策对中国经济来说，利好和利空其实是交织在一起的。所谓利好，是指假如在QE4，也就是这个"小四"出来以后，美国经济真的能逐渐被带动起来，美国的就业率问题解决了，经济也开始复苏并出现增长了，美国制造业也开始恢复了，这对于中国来说也是好事。全球经济的火车头在美国那边，这是我们必须承认的。而所谓利空，则来自于美国开始大量地印刷美钞，会不会带来全球性的输入性通货膨胀问题？大宗商品的价格、原油的价格、资源品的价格是不是也会上升？这对于中国正处于复苏当中的工业企业来说会不会带来负面影响？这两个方面的因素是交织在一起的。

从实质性的判断来讲，跟进的QE4与QE3相差得并不多，这种变化的影响可能还不会那么大。在美国经济能够复苏的情况下，可能产生的通货膨胀对中国经济的影响就会减弱，毕竟需求在增长，全球经济也在增长。物价虽然高了，但只要能够卖得掉，就不怕通货膨胀问题，可以把通胀转移。

不出所料，最终在2013年1月1日，美国国会众议院投票表决通过了协议，结束了漫长的谈判僵局。根据协议，对美国个人年收入超过40万美元、家庭年收入超过45万美元的人群，提高他们的最高边际税率，由15％永久性提升至20％。此外，方案还将失业救济金政策延长一年，并将自动减赤机制延后两个月执行。

　　财政悬崖的问题得到了暂时缓解，所以美国的股市一度大涨，道琼斯工业指数、纳斯达克指数和标准普尔指数在当天分别上涨了2.36％、3.06％和2.51％，其中道琼斯工业指数创出了一年多以来的单日最大涨幅。

财政悬崖

对于这样一个协议，很多人都将其理解为一个重大利好消息。在我们看来也的确如此，但是，财政悬崖虽然解决了，可美国依然像是在这个悬崖边上玩蹦极的人，跳下去之后，弹簧一弹又会起来，待会儿可能又会"扑通"掉下去。悬崖看起来确实没有掉到底，但是还在不停的上上下下的波动当中。

对于美国经济的判断，可能核心点就在于这样一个问题：美国经济复苏究竟是发自内核深处的实质性复苏，还是基于外部政策推动而产生的被迫复苏？这是非常关键的一点。

美国政局之中的纠缠和复杂的争斗还会持续下去：共和党一直主张降低税率，提高市场效率，主要去做大蛋糕；而民主党则主要主张分蛋糕，蛋糕分得好一点，使大家的积极性得到提高。所以，这样一个蹦极型的市场影响将依然会持续下去，中国经济仍然会受到美国经济变化的不断影响。

区域经济

在 2012 年 11 月于柬埔寨金边举行的东亚领导人系列会议中，我们听闻整个东北亚地区——也就是中国、日本和韩国的经贸部部长举行了会晤，宣布启动中日韩经贸区的谈判。

从这个谈判的历史进程来讲，早在 2002 年的时候，三个国家建立自由贸易区的设想就已经被提出来了。如今 10 多年时间已经过去了,而未来的框架规划中提到,10年之后中日韩之间将有可能会建立起这样一种自由贸易区。

"自由贸易区"是区域经济一体化的一个比较简单的模式,其最大的特征是能够吸引外资,能够扩大劳动和就业的机会,在关税壁垒彻底取消之后使得各方之间贸易和要素的流动非常便捷,这就是其在基本理论上的发展模式。

尽管自由贸易区对于中国来说还是一个比较新型的贸易形式,但在全球范围内已经形成了数十个自由贸易区,现在的欧盟当初也是自由贸易区,而在北美,比较典型的就是美国、加拿大、墨西哥组成的北美自由贸易区。

从自由贸易区发展的历史来看,一般存在这样一种规律,即自由贸易区的发展往往是由大经济体来推导的。而大国往往是在自身经济发展遇到困境的时候开始推动自由贸易区的建立,比如美国推动北美自由贸易区是在20世纪90年代,那个时候美国因为日本经济的快速崛起而变得很被动。美国突然发现,来自东亚的小兄弟很生猛,自己难以招架。怎么办呢?于是美国不和东亚各国正面竞争,于是在北美联合加拿大、墨西哥成立这样一个自由贸易区。

现在,中国、日本与韩国希望推进自己的自由贸易区,其背景与北美自由贸易区的形成是相似的。中国经济增长遇到了发展的瓶颈,整体增速下调已经成为定局。而日本从经济上来讲,几乎成了一个被遗忘的国度,我们只能想到它的地震、核辐射等等灾难,以及各种各样的政治和外交争端,除此之外日本经济对全球经济的影响力正在逐步减弱。同时,日本的一流企业现在正处于困境当中;韩国的制造业正在逐步振,但是韩国经济增长的持续性也存在问题。所以这三个经济体在东北亚整个区域当中都处于困境当中或者都有一些瓶颈问题需要去突破。于是三者一拍即合,想着能不能三个相邻的兄弟国家互相帮忙,互相帮衬一下来带动经济增长呢?

所以,区域经济一体化,从某种意义上来讲是符合大经济体利益的。在三个国家当中,中国和日本都是全球经济中非常重要的经济休,这种合作的趋势是不可避免的。

下面来看一个数据,有人做过一个测算,如果中日韩三国的自由贸易区能够建立的话,中国国内生产总值的增长能够提升0.5%,三个国家的经济总量将达到15万亿美元,占全球经济总量的20%左右,将会超过欧盟。所以,这种自由贸易区的建立对于三国来讲是一个必然的趋势,有助于大家互相捆绑在一起去解决现在经济发展中的瓶颈问题。

但是,为什么从最早的提议至今已经过去10多年了,然而从现在到落实计划还要10年呢?显然因为合作困难重重。虽然自由贸易区符合三国各自的利益,但并不意味着能够顺利地达成妥协,也并不意味着各自利益之间的协调能够迅速地达成。

让我们来看现有的两个自由贸易区的典型案例。首先是欧盟,欧洲国家之间在历史上的争斗非常多:英法之间有百年战争,法德之间在第一次世界大战和第二次世界大战的时候有过深刻的恩怨,等等。但是,这些国家、经济体之间有一个共同的概念,那就是打造一个所谓的"共同欧洲",这个概念非常重要,欧洲各国也都是认同的。再来看北美自由贸易区,美国、加拿大、墨西哥之间的经济发展状况存在着一些差距,比如美国和加拿大都属于发达国家,而墨西哥则处于相对贫困当中,各自的利益诉求就会有所差异,在推进过程当中也会有所争议。

反观亚洲中日韩自由贸易区的发展,大家都认同东北亚的合作,认同亚洲经济体联手发展的概念,但是这种概念远远没有达到欧洲各个国家之间打造所谓"共同欧洲"的意愿。中日韩在理念上还是存在一定分歧的,国家之间的争端频繁出现。且不说政治领域,仅仅在经济领域,各方之间就存在一些需要硬碰硬的地方。比如说最典型的农业问题,日本把自己生产的农产品当宝贝,本国的大米都不出口,全是本国人自己享用;韩国人也是一样,每年任何与韩国农业有关的补贴政策变化、产业结构调整都有可能在韩国国内引发相关的抗议和游行;再看中国的农业发展,中国农产品市场虽然规模很大,但从某种意义上来讲是比较脆弱的,很多关键领域当中都有外资进入,农业产品发展不稳定的特征也比较明显。

所以,中日韩之间尽管在整体利益上实现经济自由化的趋势是不可避免的,但是各个经济体在不同利益诉求间寻求妥协也存在很大的障碍,在一些细节上达成协议还需要耗费相当长的时间。中日韩自由贸易区这一经济体如果能够诞生,将会形成一个 15.2 亿消费者的经济圈,美国会不会放任中日韩自由贸易区的形成?

美国愿不愿意看着东北亚地区出现一个庞大的、有经济影响力的区域？这中间存在很多要解决的问题，所以动辄就是制订长达十年的发展目标。这恰恰表明，中日韩三大经济体都认为合作是方向，但是在具体问题的解决上其实信心并不是很充足，这就需要我们能够应对各种挑战。

从自由贸易区发展的根源上来讲，不同经济体之间尽管在利益上会有争议，但是好处也很多。比如美国作为北美自由贸易区当中最强大的一个经济体，其得到的好处是显而易见的：能够迅速进入墨西哥的能源、金融、电讯服务等行业，充分地利用墨西哥相对廉价的劳动力来实现自己的就业机会提升和产业结构快速升级，这就是大国经济体最典型的特征。

但对于我们来讲，中国是一个看起来体积庞大的"胖子"——经济总量很大、消费群体很大、投资的货币资金规模很大，但是中国经济发展中依然存在一些薄弱环节。中国一些相对弱小的行业会不会因为中日韩自由贸易区的重新定位而受到冲击和制约呢？就像美国、墨西哥和加拿大这种发展模式当中所产生的困境，比如墨西哥的产业结构大量依赖美国和加拿大的经济发展，一旦这两者处于经济危机当中，就会给墨西哥带来巨大的冲击。对于中国来说，会不会也要面临类似的一些问题呢？

所以，应对挑战的关键是必须有战略性的部署，确定我们合作的底线与妥协条件，同时，各个经济体之间也需要来做一些能够惠及各方的努力，这是非常重要的。

自我修复

在 2013 年的第一季度,美国股票市场一直呈现出欣欣向荣的景象,纳斯达克指数达到了 2000 年以来的最高点,道琼斯指数和标准普尔 500 指数不断创出历史新高,这样的状况多少有点让人感慨。一般情况下,如果您买了美国股市道指或标普的成分股,此时就绝对不会再有套牢或亏钱的问题了。反观之,A 股市场却依然在历史的相对低位徘徊,这就不由得让大家觉得无奈。

我们来分析一下美国为什么这么强大。次贷危机源于美国,但时隔几年之后,美国经济又重新变得这么强势。美国经济的自我修复、自我完善、自我发展的能力,至少到目前为止,还没有任何一个经济体能够超越。

美国是怎样自我修复的呢?我们来举个例子。2000 年以前,也就是东南亚金融危机之后,全球都找不到发展的方向。此时,美国率先制造出了一个互联网泡沫,因特网最早就是美国大学实验室研制出来的。然后,这个泡沫被迅速地吹大,到了 2000 年,这个网络科技公司的泡沫就崩裂了。崩裂了之后美国经济衰退得很厉害,纳指一路狂跌。所以,很多人以为美国要完蛋了。

结果呢? 2000 年以后,现代金融业大量地跟进,所谓的次贷衍生品就不断地被推出,然后就带动了美国经济的增长,也就是我们后来看到的次贷危机的源头所在。直到 2008 年，这个泡沫也崩裂了，次贷危机爆发。很多人又觉得这回美国经济又玩完了。

结果呢？欧洲经济糟糕得一塌糊涂，中国经济虽然开始复苏，但大部分人认为还只是弱复苏，日本经济就更不用提了。而美国是次贷危机的始作俑者，然而其经济却又悄悄地、似乎没受到影响似的上涨了。

美国现在又开始搞新的技术产业革命，比如页岩气、生物医学，包括相关的制造业回归等等。在不断地把泡沫吹大、等这个泡沫崩裂，待其他国家都被拖下水之后，美国就又开始玩别的了。

有这样一个例子，曾经辉煌的"汽车城"底特律已经一片萧条，走到了濒临破产的边缘，城市的房价跌到惨不忍睹的地步，据说一双皮鞋的钱就可以在那里买两套房子。底特律曾经是美国的第五大城市，这样一个汽车工业中心都已经玩完了，更别说美国的汽车制造业了。但是想想看，如果汽车工业在中国玩完了、在日本玩完了、在韩国玩完了，那将是什么概念？但在美国这个汽车城彻底崩盘之后，美国经济不仅没有受到严重影响，而且仍然在快速强劲地复苏。所以这就表明，整个美国的产业结构，每经过一次危机、在每一次泡沫崩裂之后，都有强大的自我修复能力，带领着美国经济继续走上一个新的台阶，以至于美国并不在乎汽车行业的崩盘，这充分体现了美国发展模式的一种强大能力。

美国经济的自我修复能力简直可以用"神奇"这两个字来形容。且不论中国经济的发展逻辑，就看看我们的邻国，同样是曾经引领过世界经济增长的龙头国家——日本,其经济已经低迷了20多年了。当初日本就因为一场地产泡沫而倒下,地产经济泡沫一崩裂,日本的经济就彻底玩完了。

而美国经济这种强大的自我修复能力令人叹为观止。所以我们必须得承认,目前全球经济增长的火车头仍然是美国。而这个火车头最基本的实力,就在于美国经济强大的自我修复能力。我们很难去效仿这种经济的自我修复能力,甚至从经济学研究的角度来讲,也真的会觉得有点"羡慕嫉妒恨",但是目前仍旧没办法去超越。

第二章

再见，持续高增长时代

经济寒冬

关于中国经济和中国证券市场的发展，很多人都希望去海外、国际市场上找一些逻辑，比如韩志国教授，他在提到日本经济泡沫崩裂的时候，在自己的微博上发了这样一个段子："中国的股市将进入长达 24 年的大熊市"，他将中国和日本的经济状况作了一个对比，然后说："中国经济就比日本好吗？牛市您就别指望了，所以减少损失是投资者的明智选择。"

24 年听起来有点夸张，而很多人也在猜测：中国经济究竟会不会像日本经济一样一直衰退下去呢？这一点是值得商榷的。

对于中国经济和日本经济的比较，笔者是这样看的：中国显然不会再现日本"失去的十年"，这是不可能出现的。中国经济或者投资市场中的确存在一些泡沫，但是泡沫不会轻易崩裂，只是现在的社会财富需要寻觅一个投资机会。

而日本经济是在第二次世界大战之后开始出现快速增长的，大概用了20多年的时间就达到了繁荣期，然后再用了20多年的时间就把世界上能占领的市场都占领了。所以，日本经过了大概三四十年的发展，总体上达到了一个顶峰期。

这种顶峰的结果是什么呢？就是日本本土的市场需求完全满足了，海外市场对日本产品的需求，包括美国市场、中国市场，增速也慢慢开始放缓。

现在我们还在使用很多的日本产品，这些产品目前的销量还是不错的，整体规模还是很大，日本品牌也多是强势的产品品牌。在当年，华尔街就曾经感慨过，日本人是不是要把华尔街给买走了呢？就像他们现在担心中国人要买走美国一样。

而在日本经济开始衰落的时候，需要关注几个要素。第一，广场协议，就是美国联合联邦德国，倒逼日元大幅度升值，日元升值的结果导致日本出口产品价格的竞争力受到了极大抑制。另外一点就是当市场处于一个饱和状态的时候，再去拓展市场的话就会很难。

这两个很重要的因素直接制约了日本经济的提振，日本现在的利率维持在一个低水平的状况，经济也很难有高水平的增长。中国经济与日本经济有很多相似的地方，第一个相似点是在很多领域快速发展之后，遇到了一个瓶颈期。第二个相似点就是人口红利，日本也是在 20 个世纪 90 年代正处于人口红利顶峰的时候，经济开始下滑。

但是，中日两国的经济形势不相同的地方也有很多。

比如说，第一个不同之处是汇率问题。尽管美国一直想施压中国，让中国的人民币汇率能够快速升值，但是人民币的汇率制度变化的主动权始终是掌握在我们自己手里的，不可能单边的被动升值。这是第一点区别。

第二点区别是，中国和日本有一个明显的差异，即日本市场一旦满足之后，本土的发展空间就越来越小，很难进行持续的刺激。但中国不同，中国有多达 13 亿的人口，以及东部、中部、西部三个地区不同阶段的产业布局，东部地区的需求满足了，中部地区的需求还很旺盛；在中部地区的需求满足之后，西部地区还有需求。品牌累积也是如此，东部地区原来一线的奢侈品牌的需求现在开始趋于饱和了，中部地区正方兴未艾，而西部地区呢，可能市场还是一片空白。

但即便中国经济不会像日本那么悲观，是不是就很乐观呢？

现在需要解决的就是在和日本经济的对比当中寻找中国经济发展的一个新的增长点。中国的市场虽然存在泡沫，但是要崩溃是很难的，所以我们看到，社会的财富依然集聚得起来，只是这些财富需要一个合适的投资渠道,如果这个问题可以解决的话,中国经济完全可以规避掉类似于日本经济发展中的衰退问题。

关键是,这个突破口怎么去找呢?现在很多经济学家都在探讨这样一个问题,目前比较一致的看法就是:应当继续毫不动摇地深化改革。比如说垄断市场的开放问题,比如说针对东西部政策的鼓励和引导问题,比如说对于新兴产业的扶持问题,等等。如果能解决这些问题,让那些庞大的社会财富能够流向它们应该去的地方,然后把我们这 13 亿人口的市场需求潜力给激发起来,不要说"失去的 10 年",中国经济增长的黄金时期还会持续很久。

还记得林毅夫吗?他已经从世界银行回到了北京大学。他提到一个问题:中国经济的潜在增长率是 8%。什么叫潜在增长率呢?就是正常的、没有泡沫的、适合中国的经济增速是 8%。虽然这个观点引发了质疑,但是仍然表明了中国经济增长的潜力。

我们看好中国经济,但不是盲目地看好。

🔍 钱从何来

2012 年 7 月底,有这样一则报道提到:2008—2009 年,中央主导了 4 万亿元的投资政策。而到了 2012 年,中央投资政策不再继续出台了,但各地的投资计划却层出不穷。比如长沙出台了 8000 亿元的投资计划,每年投资额 1600 亿元;贵州更厉害,于 2012 年 8

月公布了 3 万亿元的投资发展规划。

实际上,地方财政的压力很大,地方政府没有太多的钱,但仍然心心念念去做投资,而这件事值得商榷。

首先我们来关注这样一个问题:钱从哪里来?

地方财政,包括我们刚刚提到的那些城市的财政状况,都面临着很大的压力。长沙市在 2011 年的财政总收入只有 668 亿元,8000 亿元的投资意味着要把十几年的财政收入全都投进去。而贵州省 2011 年的财政收入只有 300 多亿元,却号称要投入 3 万多亿元,这个钱从哪里来呢?如果稳增长真的要推动的话,有一个地方政策很可能需要调整,那就是地方融资平台。地方融资平台的重新开放或许将成为事实,但这是否应该成为本轮稳增长的一个推动要素呢?

我们的建议是不能重走旧路。地方投资平台重新放开,是否有相应的理由来支持呢?其实是有的。一方面,根据之前《第一财经日报》的报道,银监会根据商业银行的贷款作了一些区分,例如针对保障房的地方融资平台、资质较好的地方融资平台和包括铁路在内的地方投资平台有可能要放开,这是一个政策信号。另一方面,据说审计署和财政部曾对地方投资平台做了一些清理,一些还不错的、达到 A 级的投资平台可以继续做下去,B 级的则不能做。清理之后,地方投资平台的确存在放开的可能性,有可能成为下一轮稳增长的主导因素。所以有时候"资金不够贷款来凑",凑到一起仍然能够出现投资增长的模式。因此,对于中国经济增长速度放缓,以及数值上的下滑,无须太过担忧。但在 2012 年之后,未来再去重复 2008 年和 2009 年的经济模式,会带来怎样的隐忧呢? 这是一个值得大家思考的问题。

循序渐进

中国经济增长必须保持一定的增速,否则就会出现很多问题。但是,要改变这些问题,还是得一步一步来,循序渐进。

什么叫循序渐进？我们真的不着急么？其实大家的心里还是蛮着急的。

比如说，在 2012 年 10 月 10 日公布的国务院关于第六批取消和调整行政审批项目的相关决定，几乎成为当时各大财经报纸以及财经网站的头条消息。因为行政审批和市场行为之间是相互制约的，政府和市场之间需要寻找一个平衡点。怎样把政府管住，怎样让政府的权力能够发挥出更大的效用来帮助市场而不是遏制市场，这也是经济学界的一个核心问题。所以，这里有一个前提：凡是公民、法人或者其他组织能够自主决定市场竞争机制，能够有效调节的事项，政府都要退出。这个原则强调：市场在做的事情政府千万不要去做，这一点非常重要。

而从这次取消和调整的 314 项行政项目当中，有两个重要的看点：第一个看点是关于房地产的预售许可的变化，审批部门从原来的"县级以上地方人民政府房地产管理部门"变更为"设区的市级、县级人民政府房地产管理部门"。通过这一项变化，整个房地产审批的权限就下移了。有人问，这是不是意味着房地产市场的政策空间增加了呢？事实并非如此。

这个审批权限的变化，更多地体现为监管部门或者房地产管理部门在适应市场的需求。房子盖好了，要想上市销售的话就要去有关部门报批，以前程序很多很复杂，逐级报批上去，时间要拖很久。房子已经建好了等着销售，但是报批的流程却很耽误时间，这样的话会对房地产市场供给形成一种人为的制约。通过减少审批手段,加速已建成或者可售房源的上市进程,是为了平衡市场供求关系。这是一个延续一贯的房地产监控政策的措施,让房子供给越来越多,而不是仅仅依靠限购令来维持房地产市场价格的稳定。这是第一个市场政策的变化。

另外一个就是关于证券市场,在这次国务院取消和调整的 314 项行政审批当中,有 32 项涉及证监会的行政审批范围,超过其总数的十分之一。这才是"真正"的热点——"真正"被削权的是证监会这个证券监管部门。这其中包括我们一直在倡导的回购,像宝钢这样的股份回购,应当回购以后再注销,提高公司的每股净资产、调高公司的每股净收益、提升公司的每股估值。文件当中也特别提到四种情形:(1)在一个上市公司中拥有权益的股份达到或者超过该公司已发行股份 30%的,自上述事实发生之日起一年后,每 12 个月内增加其在该公司中拥有权益的股份不超过该公司已发行股份的 2%;(2)在一个上市公司中拥有权益的股份达到或者超过该公司已发行股份的 50%,继续增加其在该公司拥有的权益不影响该公司的上市地位;(3)因继承导致在一个上市公司中拥有权益的股份超过该公司已发行股份的 30%;(4)经上市公司股东大会非关联股东批准,收购人取得上市公司向其发行的新股,导致其在该公司拥有权益的股份超过该公司已发行股份的 30%,收购人承诺三年内不转让其拥有权益的股份。

在满足上述要约收购义务豁免核准的这四种情形之一时,收购人就可以免去相关审批的过程,可以不经过证监会核准就豁免要约收购义务。这也是市场化的一个方向，表明我们的监管部门在努力地推进市场因素的增长。

所以，中国的经济增长，确确实实需要维持一个基本的速度。有了这个基本速度，才能保证中国经济和金融市场的稳定，而市场的开放趋势是不可逆转的。

同样在 2012 年 10 月，国际货币基金组织和世界银行年会在日本举行。有一条消息来自于国际货币基金组织的一位市场部主任维纳尔斯。他说，中国"影子银行"的风险很大。他同时称，中国的影子银行是国际货币基金组织担忧的一个重要领域，根据他们之前的测算，这个影子银行的规模有可能达到 20 万亿元。什么叫影子银行呢？这个概念比较复杂，读者们可以把它简单理解为：除了官方能够严格控制的金融机构之外，其他能够创造货币或者资金流通的机构。地下钱庄、民间借贷、一些金融机构过多地使用金融衍生工具来放大市场风险以及美国的次贷危机，这些都是与影子银行有关的概念。国际货币基金组织又提出这样一种担忧：如果影子银行所酝酿的金融风险放大到既有的银行体系当中去，就会产生问题。所以，这就提醒我们，中国经济增长必须保持一定的增速，否则一旦经济增速出现回落或者下滑，潜在的市场风险一旦显性化就会出问题。

当我们关注整个货币市场的资金变化时，就会发现整个信贷投放的状况没有我们之前想象的那么乐观，也许这是市场正在寻找中国经济实现软着陆的一种状况。经济增速在下滑，但是我们的通货膨胀被有效地控制了起来,中国经济并没有崩盘。

要想保持一个基本的经济增速、维持经济的持续健康发展,就要靠市场门槛的开放。这种门槛的开放会体现在不同行业和不同市场领域当中,其中尤以房地产市场最为重要。

刮骨疗毒

一直以来,房地产市场调控和整个股市低迷是密切相关的。

众所周知,房地产行业对整个股指的影响是非常大的,地产股如果无法振作起来的话,整个股市及股指就被制约住了,那市场还怎么运转呢?

可是,面对严厉的房产调控政策,是时候去打破对房地产市场的任何幻想了。限购政策松动、房地产市场重新有所起色或者房价继续反弹等可能性,在目前的政策格局之下似乎微乎其微。

面对这样一种格局,作为投资者或是观众来说,要思考这样几个问题,并且这些问题有个重要的前提:假如房地产和中国经济说"拜拜"了,会出现什么情况? 第一个问题是,如果房地产调控严格执行,中国经济增速下滑了,我们能不能容忍? 第二个问题是宏观经济如果下滑了,就业压力能不能承受? 第三个问题稍微远了点,就是对于中国经济的增长模式,我们有没有一个可以效仿的模板呢?

先看第一个问题，早在 2012 年第二季度，7.6％的增速就已经让市场大呼看不懂了。但事实上，人们会慢慢适应这种增速的，就像恋爱一样，男女之间刚开始会不太适应，后来慢慢适应了，就会觉得这样在一起也挺好、挺适合的。经济增速也是如此，毕竟在"十二五"期间调控政策的基调是 7％，所以 2012 年全年 7.8％的增速已经不算低了。就像全国人大财经委所提到的那样，我们要提高对整个经济增速下滑的容忍度。按照此种逻辑，我们或许可以作出如下判断：房地产如果真的和中国经济说"拜拜"了，我们也不必过分担忧，因为监管部门已经做好了经济增速下滑的准备，所以第一个问题似乎已经不是问题了。

第二个问题是，对于中国经济来说，宏观经济下调的关键在于监管部门能否容忍就业情况变差的问题。据有些人的观察，不知是第三波还是第四波民工返乡潮正在出现，原因在于建筑业、房地产业这些以前用工量很大的行业正在逐渐减少用工量。这些问题会不会引发新的就业压力呢？大量民工返乡会不会引发社会性的问题？再加上大学生就业困难等，这些就业问题能否得到监管部门的容忍呢？换句话说，对于宏观经济的增速，监管部门在心态上已经能够容忍了，就是把房地产和中国宏观经济割裂。以前，大家常说房地产绑架了中国宏观经济，以前被房地产绑得很舒服，但现在不喜欢被绑架了，心理上就必须承受站不起来的风险。我认为就业始终是一个比较现实的问题，能否得到解决呢？

再引申到下一个问题，要想解决就业问题、经济增速下滑和经济能否有底气的问题,关键要看中国经济增长的模式。以前,温家宝总理在全国各地调研的时候也提到要加大各地投资力度,加大经济转型的方向等措施。但实话实说,从目前市场发展的路径上来讲,中国制造依然在走既有模式,到目前为止还没有探索到新的途径。最近几年,太阳能、光伏及其他一些新能源高科技产业非常热门,但最终发现包括光伏在内的许多科技产业其实都没有找到快速发展的有效路径。

与之相对应的,我们可以举一个例子:来自于北欧的芬兰可能是目前世界上从 3A 评级前景展望来看,经济最稳定的经济体。对于芬兰这个经济体,它能在欧债危机中屹立不倒的理由,第一是以服务业主导芬兰的经济,但同时它的制造业也非常有名,当年很多的手机产品都来自于芬兰,虽然现在日益衰落,但所谓"瘦死的骆驼比马大",整个产业的格局还保留着;第二是政府的债务压力不是很大,资金充足,而且花钱不多;第三是整个银行体系、金融体系的服务比较到位;第四是拥有救助基金,以现金抵押为救助欧元区的条件,所以它有资金去参与更多的救市措施,而且不会影响本国的经济增长。

所以,对于中国来说,很明确的一点是:我们可能真的要告别经济的高速增长了,但投资者也不需要恐慌。而真正需要担忧的第一点是就业会不会成为问题,第二点是经济增长模式是否能够有所突破。这两点才是中国经济要解决的核心问题。

微弱复苏

每一次在面临经济危机时,总得要有一个产业出来拉动经济,比如电信行业,或者更早的铁路、钢铁、汽车行业等。一定会有一个新兴产业诞生,以带动全球经济的复苏,或带动某一经济体的复苏,然后逐步走出经济的低迷。大家都在期待着下一轮的经济增速能够提升起来。但是,未来中国经济增长的动力究竟会出现在哪里呢?

在 2012 年的夏季达沃斯论坛中,提出的关注核心是"塑造未来经济",时任国务院总理的温家宝发表过一个开题主旨演讲,在致辞中特别提到未来中国经济的增速虽然有所下调,但这是我国主动去降低的,这有利于经济结构的调整,以及整个经济趋势的变化。这样的表述就给我们吃了一颗定心丸,对中国经济的发展抱有信心。虽然中国经济的增速降低了,但是监管、调控部门的官员心中是有谱的。

对于中国这样庞大的经济体而言,和韩国、日本相比,中国经济的增长已经到了一个拐点。我始终坚持这样一种观点:中国经济的增长是一种大国经济模式的增长,而大国经济的增长模型和小国是不一样的。小国需要大量依靠海外经济,需要被动跟随,但是大国并非如此。大国有能力自己去创造需求,有能力去引领世界经济的变化。调控部门如果实打实地去做这件事,其实是不缺少弹药的,只是经济回升仍旧需要时间,经济周期有一个变化过程。例如很多人说,当前经济是呈 L 形增长,底下一横在徘徊中;但是随着"弹药装备"不断到位、调控政策的到位,这个 L 形很可能会变成 U 形。这个可能性是有的,只是经济回升的时日还需等待。

在 2012 年 10 月,有一个来自于国务院常务会议的定调:中国经济增速当前趋于稳定并继续出现了积极变化,这是在之前三次经济形势座谈会之后,包括 2012 年 10 月 17 日温家宝总理主持的国务院常务会议当中给出的一个明确判断。

我们认为,2012 年第三季度 GDP 的增速(7.4%)就是本轮调整的一个底部,而且这个底部其实是被低估了的底部。这是什么意思呢?仅从数据上来讲,同比增速只有 7.4%,是一个阶段性的低点,没有前几个季度高,所以是一个很差的数据。实际上,因为这里给出的数据是一个同比数据,看起来这个绝对的增速 7.4%确实不高,但这是由于去年基数偏高而导致相对的同比数据跌了下来。换句话说,前一年经济形势太好了,这一年的增长显得并不多,但实际上的经济状况较之于前几个季度却可能是好转的。

根据一个相关的统计测算,2012 年第三季度经济的实际增速是近四个季度之中的高点,从经济增量的规模上来讲,虽然第三季度看起来同比数据是最低的,较之于之前的三个季度却是最高的。

更为重要的是,伴随着这个基点的确认,有些人可能会感到有一点失落。为什么会失落呢?就是政策的刺激会减弱——不管是财政政策还是货币政策，后面继续出现猛烈刺激的概率会减弱。包括温家宝总理在会议当中特别提到的，整个政策面还是会继续实施积极的财政政策和稳健的货币政策，在表述上没有任何变化，还是以稳步增长为基调，所以我们对宏观经济的一个基本的观点是，经济体内部自发复苏的因素已经开始显现，最困难的时期已经过去。为什么这样说呢？经济复苏有两个方法：第一种是外力，一拳把它打碎，然后经济就会复苏了；第二种是内力，就像脱壳而出的小鸡一样，它破壳而出之后就会成为一个新的生命，迎来新的成长过程。显然，后者比前者要扎实很多。

从采购经理人指数和很多制造业行业缓慢但是已有复苏迹象而言，对于资本市场来说现在是一个春天，新生命正在萌芽，也许这个"芽"萌生得还很弱小，也许这个"芽"现在还难以辨认，但它真的是在萌发当中。中国经济已从 2012 年的尾巴上开始进入了"弱复苏"状态。

中国经济从来都不缺乏看点，中国的财经市场永远都充满了诱惑，也充满了陷阱，关键是如何能够把这些诱惑变成财富，把魔鬼们给一脚踢开。

转型时机

我们欣喜地发现，2013 年 3 月 CPI 涨幅同比仅为 2.1%，这意味着市场中真正的通货膨胀压力没有我们想象中那么大。同时该数据也反映了这样一个问题,就是中国的物价指数,现在仍然是由食品价格所决定。如果食品价格冲得猛,那么CPI指数根本就控制不住;食品价格如果意外地下降的话,那么这个物价指数自然就往下滑了。

当你有一个梦想,一方面在梦想实现过程中它会给你带来快乐;但另一方面,在去实现这个梦想的时候,往往也会被它牵制,遇到很多困难。

我们的物价指数就是这样,当我们把通货膨胀作为调控政策的目标时,那么就必须要承担可能出现的通胀风险所导致的压力。按这个逻辑,假如通货膨胀的压力开始减缓了,那么是不是就会觉得轻松一点呢?轻松一点之后,就有空间去干点其他的事情。物价指数的下滑,就提供了一个可以转型的大环境。

在2013年4月初于海南举行的博鳌亚洲论坛当中,有很多关于经济形势、投资政策以及未来中国发展前景的相关阐述和讨论。

本届博鳌亚洲论坛中,习近平主席在和中外企业家见面的时候,大概用了一个小时的时间与中外企业家进行了深入交流。这样的讨论,在历年的博鳌亚洲论坛当中鲜有出现,国家主席或者说国家的政府首脑和企业家从未直接在博鳌论坛上面对面地交流。而在这样的交流当中,我们听到的几句话掷地有声。

第一句话是这样说的:"中国的经济增长速度再快一点","非不能也,而不为也"。很多人不是一直担心中国经济增长速度会放缓吗？习主席告诉我们,不是我们做不到,而是我们不愿意去做。

另外一句话就是:"中国经济增长的高速水平不会保持了,也不必要保持了,也不能保持了。"换句话说,这个客观的环境,即物价指数下调,为我们的经济转型奠定了基础;另一方面,中国经济增长速度的下调,是中国主动调控的结果,而未来中国经济不会因为经济总量增速减缓而出现所谓崩盘的问题。这一点必须加以强调:中国经济仍然是向好的,至少从内核上来讲,可能会得到更好的优化。

中国经济增长,这是博鳌亚洲论坛上一个非常关键的词语。我在参与博鳌论坛相关报道时观察到一件非常有意思的事情,就是在整个博鳌亚洲论坛当中,大家一致认为,中国经济的增速没有问题。

关于中国经济的增长,包括林毅夫、樊纲等著名经济学家在内,都给出了一个比较一致的逻辑,那就是 2013 年中国经济增速达到 8％是没有问题的。从长远来看,林毅夫最早提出"中国经济 8％的高速增长能够保持 20 年",而这种观点其实在学界是有争议的,但是在此次的博鳌论坛当中,樊纲也给出了一个类似的说法:"如果 2013 年能够实现 8％的增长的话,那么中国经济还有 20 年到 30 年正常的高增长"。

以前,特别是在 2012 年经济下滑得比较厉害的时候,在海外市场当中,关于中国经济要崩盘的说法甚嚣尘上,但是到了 2013 年的亚洲论坛当中,不只是中国本土的经济学家,包括国际货币基金总裁拉加德也做了一个演讲，叫作《对话拉加德》，其中也特别提到，亚洲的经济增速会保持在5%甚至6%以上，而中国的经济增长前景也是被看好的。她所担心的是欧洲的债务危机问题以及美国财务压力问题，对中国经济的增速没有任何负面评价，这是非常重要的一点。也就是说，对于中国经济而言，物价的逐步下行，同时有可能伴随着宏观经济的逐步向好，这几乎成为了全球的共识。

如果把这个"经济增速向好"作为2013年博鳌亚洲论坛的一个宏观关键词，那么微观的经济关键词是什么呢？从我的感悟来说，那就是"政府的自我削权"。

其实关于政府的自我削权，或者是关于政府和市场的边界问题，从2012年下半年开始，时任国务院副总理的李克强就一直在强调"控制政府权力"这样一个问题。比如，他在2013年的"两会"上也提到，"削权是一个自我的改革，会很疼，甚至会有断腕的感觉"，但他也强调"这是发展的需要，这是人民的需要，我们需要壮士断腕的决心"。

在博鳌论坛当中，包括张维迎、迟福林在内的许多专家都屡次提到，在我们经济形势还比较好、物价水平还处于一个相对低位的时候，政府最需要做的事情就是进行深入的改革。经济增长总量并无忧虑，所谓经济崩盘的观点是彻底不存在了，但是结构性改革大幕需要全面开启，比如说市场化改革，特别是关于垄断领域、金融市场垄断领域的开放，再比如资源定价体制改革、社会保障体制改革以及分配体制改革，这些都是博鳌亚洲论坛当中很多专家学者一再论及的问题。

所以，有时候我们会发现，在提到中国经济发展的时候，我们经常会在细枝末节当中，比如在每个月、每个季度当中对中国经济增长的具体问题产生很大争议。但是，对于中国经济的长期、核心的问题，大家的看法是非常一致的，那就是该改革的地方清晰可见，问题是这些改革什么时候能够真正推进。也许，我们在等待一个最佳的时机。

第三章

改革是中国最大的红利

改革红利

2013 年,在新一届政府上任之后,有很多的名言脍炙人口,比如说"空谈误国,实干兴邦",比如说"喊破嗓子不如甩开膀子",再比如说在经济领域中无人不知的"改革红利"。说到中国经济长达 30 多年的快速增长,我们就会提到中国经济发展的几个红利,包括人口红利、土地红利、外贸红利以及改革红利——制度变化所带来的红利到现在依然在延续,就像李克强总理提到的,"改革是中国最大的红利"。

在 2013 年中国发展高层论坛上，国务院副总理张高丽曾经表示："当前中国的改革已经进入了攻坚期、深水区，触及到深层次矛盾和重大利益调整，是对我们的严峻考验。"如果我们真的把中国的社会问题以经济视角来解读，排在第一位的是什么呢？那就是关于社会收入和财富分配不均衡这样一个问题。所以，收入分配体制改革是我们非常关注的一个话题。有关于此，张高丽提到，改革收入的分配制度，规范收入分配的秩序，缩小收入分配的差距，这个问题对中国来说是很尖锐的，但通过我们的努力，是可以逐步做到的。

用"尖锐"两个字来形容，那就意味着这个问题已经让我们的调控部门感到压力很大。"尖锐"对应的状态应是"如坐针毡"，正因为"尖"，所以坐上去会比较难受。当然，张副总理还提到"通过我们的努力，是可以逐步做到的"，这一点也非常重要，当问题尖锐而改革也进入深水区的时候，面对种种问题，必须去努力地解决。而且，调控部门和我们的行政官员相信，通过努力是可以将问题逐步解决掉的。

2013 年 2 月初，国家发改委、财政部、人力资源和社会保障部联合出台了《关于深化收入分配制度改革的若干意见》，为各地制定和落实收入分配改革方案提出了指导性意见。而在 2013 年全国"两会"上，全国政协委员、著名经济学家厉以宁表示，收入分配制度改革重点应该放在初次分配改革上，应该将效益和公平并重，应该保护弱势的一方。所谓初次分配，就是指在付出劳动之后由市场机制形成的原始收入;而所谓二次分配,就是在初次分配的基础上,政府通过税收的办法来进行调节,对于中低收入群体,政府会给予相应的保障,而高收入群体则可能要缴纳高额的税金。厉以宁之所以会强调初次分配,恰恰是因为中国在改革开放30年间造就了一大批先富阶层,而在创富的过程当中,逐渐形成了各阶层收入的巨大差距。官方的数据显示,中国的基尼系数在1980年时只有0.32,随后逐渐升高,2012年达到0.474,这表明收入差距的问题已经比较突出,但是仍然在可容忍的范围之内。而西南财经大学曾经做过一个课题,他们所测算的"民间版基尼系数"达到了0.61,这个数据意味着整个中国的收入状况出现了非常明显的不合理状况。

中国的财富就像滚雪球一样,早上下了一场大雪,有的人睡了一个懒觉,起步就晚了;而有的人一大早起床就开始滚一个雪球,在院子里越滚越大,迅速地把财富膨胀起来,当他们已经把这个雪球滚得很大的时候,起床晚的人可能才刚刚开始滚雪球。因此,此后即便是同样努力地做着同样的工作,但先富起来的人的财富增值能力会越来越强。所以,收入分配改革的核心就是:"限高",把高收入阶层压下来;"扩中",把中等收入阶层整体的数量和规模进一步扩大,让我们中国社会真正形成橄榄形的收入模式;而对于低收入阶层,应该进行相关的政策补贴,让他们能够维持基本的生活。

再拿中国财税体制改革来说，新任财政部部长楼继伟在上任之后的第一次公开演讲中就表示，当前中国的财政面临着两大压力，一个是外部冲击下过去几年的财政赤字；另一个是未来不断增加的财政开支以及不断放缓的财政收入速度这两者之间的矛盾，后者是实质性的压力，还找不到什么好的解决办法。这个矛盾在中国是现实存在的。一方面，中国的财政实力很强大；另一方面，每个人都希望这些财政资金能够用到自己身上，所以都在争取财政支持，有的地方还在争夺"贫困县"的帽子。

楼部长说了这样一句话："我们的财政应该是帮助穷人，而不是帮助懒人。"这其中的含义或许就是，未来的财政还是会解决社会发展的一些矛盾和问题，但是它的核心是强调这样一个概念，好钢一定要用在刀刃上。不要去期望财政资金能够全面覆盖，来解决所有的社会问题。政府的财政不能承诺过多，因为承诺落空之后人民对政府的信任度就会下降,这是对政府更大的一种伤害。

将来财政政策真正的看点在于,新一轮的财政体制改革将会有所突破,而财政分权问题则需要旧题新解。楼继伟曾在财政部任副部长长达九年,众多的信息显示,他曾参与了 1994 年非常重要的中国财税分权体制改革。这次改革强化了中央财政的掌控力,对中国经济之后的持续发展是有很大帮助的,但是这么长时间过去了,这个政策却没有进一步的改革和推进,其导致的问题越来越明显了,比如说由于财政分权的制度设计导致地方财政收入赶不上支出。下一套财政分权体制改革应尽快出台,这个问题将直接关乎中国财政体制的全面优化,甚至关乎房地产市场和土地市场的变革。

对于我们解决中国长期经济发展的问题来说,必须要有一个支柱,这个支柱的核心在于改革红利,而改革现在的要害就在于需要把上文提到的财税体制改革、收入分配改革,包括医疗、住房这些改革进一步深化下去。所以,改革的支柱在于制度的变化。

金融动力

学金融的人常常会说,金融学就像是经济学皇冠上的一颗耀眼明珠,因为金融可以解决市场运行中的很多瓶颈问题。拉动经济增长常常需要找一个抓手,即使市场是完备的、资金是完善的,但还是需要有一种力量,使得什么地方缺钱,资金就会流到那里,什么地方需要资金来完成基础的配给工作,钱就会流到那里。那么,这件事要靠谁来做呢? 恰恰就是金融市场在做。

从过去的金融市场改革中,我们看到两个非常典型的案例。第一个是温州的改革,第二个是深圳的改革。对这两座城市的改革应该重新作一个区分和判断。

温州的改革其实是一种典型的倒逼格局。2011 年,温州大量民营企业的老板出现了"跑路"问题。为什么会"跑路"呢? 因为当地乡土信用的语境。什么是乡土信用呢? 据江浙一带的民间资金参与者介绍,比如说村里的老乡向他借 100 万元,他明知老乡是穷光蛋,一分钱也拿不出来,但依然会把钱借给老乡。我追问道:"仅仅因为是老乡,就可以在明知对方无力偿还的情况下借钱给他吗?"他回答:"其实还有另外一个原因。我知道,他如果要在 1 个月后把这 100 万元还给我,就会继续去跟别人借钱;换句话说,他能够借到下家的钱来还我这个上家的钱,所以我愿意把钱借给他。"

从中我们就可以清楚地了解温州所谓的民间信贷,其核心就是所有人的信用关系能够循环起来。但问题在于,一旦这种循环关系里的某一根链条发生断裂,整个市场的金融结构都有崩塌的可能。所以,在温州改革的要点就是让民间的金融机构官方化,使村镇银行成为更加规范的金融机构。

而深圳的改革更正规一些,它建立了前海经济区的概念。深圳作为改革开放的桥头堡,在最近几年的发展中已经遇到了许多瓶颈。比如说,深圳统计局的数据表明,2012 年前两个月,深圳市的规模工业增加了 730.65 亿元,同比减少了 3%,规模以上工业的销售产值是 2754 亿元,比去年减少了 5.4%;工业销售率为 100.2%,也比 2011 年同期减少了 0.1%。

深圳一直走在改革开放的前沿,但也毋须讳言,整个珠三角的产业结构正面临现实的压力和挑战。珠三角的产业结构历史非常清晰,即"三来一补",比如来料加工、来样定制等等,主要是负责基础加工业务,但这种业务的发展如今在深圳或者说是在整个珠三角都遇到了瓶颈。深圳原本的定位是金融区、市场改革的前沿,但这种金融区格局和目前的制造业发展形成了一种矛盾。

提到深圳,有一个独特的案例。与深圳相比,上海社会阶层分布是一个稳固的金字塔形,低收入阶层人数最多,从中等收入阶层到高收入阶层人数稳步减少;而深圳则不同,它是一个全新的移民城市,没有大量历史上遗留下来的居民,因此会出现一种断裂格局:最底层是制造业的劳动用工群体,最高层是"玩"现代服务业、金融、先进制造业的群体,中间没有历史积累下来的核心阶层。所以,深圳的市场格局从来都是不太稳定的。观察深圳必须看它的房价,一旦突破了下跌的抵抗,就会暴跌;一旦冲破了向上的瓶颈,就会暴涨。

恰恰因为如此,我们认为深圳和温州的金融市场改革是一种倒逼式的改革,这样的城市需要一种嬗变。一方面是民间金融的嬗变,另一方面是整个政府调控、改革前沿先试先行的嬗变。这种嬗变对于市场的想象空间会很大。想想看,如果这种金融改革能够进一步扩大化,天津能不能搞?西部能不能搞?作为金融开放的前沿,上海浦东能不能搞呢?

所以,金融市场是皇冠上的一颗明珠,如果这颗明珠能发出耀眼的光芒,那对市场会有很强大的拉动作用。如果民间的金融体系能够活跃起来,官方的金融体系也活跃起来,就能对市场形成极大的推动力。

新城镇化

事实上,城镇化提速的号角早在党的十八大时就已经吹响,党的十八大报告全篇提及城镇化多达七次。在 2013 年全国"两会"期间,温家宝总理在做政府工作报告的时候也表示,中国城镇化率超过了 50%,这也是中国社会结构的一个历史性变化。我国一直在积极稳妥地推进城镇化,使得五年来转移农村人口数量达到了 8463 万人,城镇化率由 45.9% 提升到了 52.6%,城乡区域的协调性明显增强。

但是这个数据是值得研究的。事实上,温家宝总理公布的是城市常住人口的数据,如果按照户籍的城镇化率来讲,目前中国的城镇化率大概只有 35%——大量的农民工长期生活在北京、上海、广州,但是他们的户籍可能仍然留在河北、四川或者安徽等地——这个数字温家宝总理其实也曾多次提及,后来李克强总理也曾提及。当我们分析城镇化的发展时可以发现,二元经济结构或者户籍对于城镇化有着巨大的影响,按户籍所在地来计算,城镇化率数据一下子就少了 15 个百分点,可见这是一个很重要的问题。

从某种意义上来讲,城镇化是中国经济发展的一个瓶颈,反映了多年来一直存在的二元经济结构问题——城市和农村之间的二元经济结构、户籍障碍、社会保障的巨大差距。资源要素如果不能够流通,就会产生巨大的问题。中国是一个大国经济模型,这种模型与小国经济模型是不一样的,其特征就是内在制度变化会导致外在的变化。这是什么意思呢?简单来说,就是当我们发现问题的时候,千万不要害怕,问题也是机遇。对于中国经济发展来说,只要能找到问题并解决问题,就能带动经济的新一轮的快速发展。所以,城镇化就成为下一轮中国经济最值得期待的一个飞跃。

城镇化对于我国的发展有什么意义,以往的城镇化实践又有什么经验可供借鉴,我国城镇化应该选择什么样的道路?在 2013 年中国发展高层论坛上,经济学家们对于这些问题也展开了热烈的讨论。与会专家认为,城镇化是我国现代化建设的历史任务,也是当前扩大内需的最大潜力所在,城镇化最核心的内容就是保证"人"的城镇化,改革要纳入一个战略性的框架当中,要有明确的目标,要追求有质量的城镇化进程,不能为了改革而改革。

所有人都认为城镇化改单是一个非常好的经济发展方向。虽然政策执行还需要一个过程,但是最乐观的判断认为,如果城镇化政策落实得好、执行得好,那么中国经济再延续 20 年到 30 年的增长是没有问题的。

但是，围绕城镇化发展的细节，还是有一些令人担忧的因素，特别是一些外国的专家和学者，他们提出的一些老生常谈的问题也应该引起我们的关注，比如他们说要避免将城镇化、城市化变成房地产化，避免将其变成盖房子。其实，从 2012 年三季度我们开始观察并不断地探讨城镇化的时候，这种观点就已经有人提出来了，即城镇化不等于房地产化。

围绕这类话题，虽然目前对于城镇化概念还没有一个非常明确的理论体系阐述，但焦点已经越来越清晰了。各界对于新型城镇化模式应该进行充分的讨论，以此促使政策效果逐步显现。

城镇化是让更多的农村居民到城市定居，第一个基本概念是"城市"，是指中小城市和小城镇；第二个基本概念，就是伴随着城镇化的过程，会有一系列户籍改革、土地制度改革的跟进；第三个概念是，城镇化的发展将会有更多的政策倾斜，而倾斜的核心就是"人"的城镇化，而不是"物"的城镇化。这三点其实已经概括了城镇化发展的核心。

所以，现在需要讨论的是未来在具体政策的落实当中的一些细节问题。

首先，要落实到中小城市和城镇，但究竟什么样的中小城市和城镇才是城镇化发展的重要区域？这个范围还没有划分清楚。

其次，伴随着城镇化改革的推进，刚才提到的户籍改革、土地流转权的改革，这些改革是不是能够同步跟进？这两项改革的难度其实比城镇化政策推进的难度要大得多。

最后，城镇化是"人"的城镇化，而不是"物"的城镇化，而所谓的"人"的城镇化就意味着，会有许多农民开始进入城市，他们如何才能真正在城市定居？他们在城市生活的初始创业基金从哪里来？他们进城之后，相应的就业、住房、医疗等这些保障资金从哪里来？

以上三个问题我们还需要进一步观察和探讨。

关于城镇化，还没有一个明确的时间表，但相关的讨论应该尽早明晰。有经济学家测算，城镇化建设每年会带动 10 万亿元的投资。其实，这种测算都是经济学家的主观臆断。而我们大家可以静下心来，对于制度建设有自己的见解。希望这个制度能够改良我们的生活,同时也能够带来更多的经济发展和市场投资的相关机会。

税改扩容

国务院总理李克强在 2013 年 4 月 10 日主持召开了国务院常务会议,会议决定进一步扩大营改增试点,并逐步在全国推行。这将有利于解决因为部分地区试点而导致的政策差异,以及税收风险问题。

从 2012 年 1 月启动营改增试点以来,改革成效逐步显现,产业结构得到了优化、服务业加快转型、中小规模纳税人税收负担明显减轻。但是同时也出现了一些新矛盾,比如说部分企业的税赋不减反增,这些问题又该如何去解决呢?

"营改增"这个税收政策试点的方向其实很明显,就是为了减轻企业负担。

先谈谈其征税的原理。以前,营业税是根据营业收入来征税,只要有交易,卖出去了东西,就得按这个税基来征税。而改成增值税以后,则按增值的部分来征税,实际上就是按照盈利部分来征税,利润多,交的税就多一点;利润少,税就相对会少一点。所以,对于薄利多销的行业来说,他们是这项改革很大的受益群体。

首先,这个政策方向是非常值得肯定的。营改增政策执行以后,从微观上来讲,上市公司国航披露的 2012 年年报显示,2011 年年末,公司的应交税款是 4.45 亿元,比前一年的税收——27.56 亿元而言,大幅下降了 84%,这是一个非常明显的案例。

另外,从国务院常务会议提到营改增的发展方向看,已经开始逐步向全国、全行业推行,这是一个必然的举措。因为试点对于营改增这样的税收政策改革来说,切忌实行太慢。如果只在一个地方、针对某一试点地区个别行业来做试点征收的话,就会产生很多现实问题。比如说,某企业是在试点地区当中,但要采购的产品不在试点区域当中,对该企业而言开增值税发票是可以减轻整体税款的,但是收款方不同意开增值税发票,因为它们不在试点范围当中,只能开营业税发票,这该怎么办呢?

这其中,税收试点与当初的特区开放是不一样的。特区开放可以圈一个圈,然后给予特殊的政策,主要实行的是所得税的政策。但营改增改革涉及全国交易流转税范畴,所以一旦被圈到一个小范围的话,将不利于税收的推广。所以,对于营改增的税收政策正在加快在全国范围内和全行业推进。必须尽快全面铺开此项政策,但执行细节仍需不断完善和改进。

在中国进行税制改革的时候,有很多人在探讨,比如税率该分几档,增值税新增 11% 和 6% 两档低税率到底合适不合适,等等,可能税率百分点的争论对企业的影响比较大,但是对于整体改革来说,这只是一些比较细枝末节的技术讨论。我们观察税制改革,一直认为各地方政府和中央政府之间的利益分配是一个很重要的话题。营业税以前的税款是确定的,并且归地方政府所有,而增值税理论上是应该归国税系统的。我国的国税与地税是分开的,中国在形式上的财政分权已经做到了。所以营业税变增值税以后,中央与地方财政方面的关系怎么去理顺,这是一个非常现实的问题。

我们很担心以下问题:从1994年的税改到现在,中国税收体制当中最大的问题就是收入大头越来越集中到中央政府,以至于从某种意义上来讲,地方政府陷入到了土地财政、房地产财政的困境之中。假如地方财政收入仍然没有办法得到保障的话,就会使得经济循环的怪圈进一步加强。所以透过营改增试点扩容工作,可以发现中国财税体制改革现在还有很大的发展和革新空间。

国地合并

对于分税制的争论由来已久,在2013年2月又传出了"地税和国税人员的分流合并工作即将在全国"两会"之后启动"等消息。然而,对于这样一个传言,国税和地税两个部门的看法并不相同,地税的工作人员都认为地税部门绝对有存在的必要,而国税部门则认为国地两税的合并可能性是非常大的。

党的十八大报告当中曾提到稳步推进大部制改革,这使得社会各界对此都十分关注。随着对大部制改革关注度的升温,各种传闻也不断地涌现出来,那么大刀阔斧的改革是否很快就能拉开帷幕呢?

现行的税务部门分两个体系,一个叫国税——国税征收的税是直接交给中央政府的;另一个叫地税——就是地方的税务部门,它征收的税主要是交给地方政府的。

对于不懂税务的人来说,就会觉得:税务部门要我们交税,我们作为纳税人当然非常光荣,但是我们交钱为什么要那么麻烦呢?能不能把税务部门并在一起,把国税和地税并在一起,然后我们交税岂不是更方便吗?外行往往都持有这样一个简单的逻辑。

但国税和地税能不能合并呢?在实际操作当中确实是存在问题的。

中国财政分权体制改革是从 1994 年开始的,当时改革的方向就是中央财政要和地方财政分开,各自完成各自的财权和事权分配。大家伙儿各干各的,当时有这样一句话叫"分灶吃饭",就是在一块儿吃大锅饭了。而国税与地税之间的财务功能是有明确区分的,现在要把分家的两兄弟凑到一块,会不会引发一些问题呢?

大部制改革是党的十八大定下的基调,所以肯定是会推进的。但是,当我们提到大部制改革的一些细节的时候,一定要注意到:它在操作当中会出现许多问题,究竟合适不合适,需要有衡量的标准。

此外,最近大家在微博或微信上,经常会有人传播中国大部门制改革的方案,然而这些方案并不能当真。

为什么呢?所谓"二十几个部门缩到十几个部门"的方案几乎每过一两个月就会传出来。实际上这些传言基本上都是老百姓自己瞎猜的，或者有好事者有意为之，仅此而已。对于大部制改革，我们认为：行政部门着手改革必须要适应社会的变化，其中的核心原则就是提高效率和公平利益。

提高效率和公平利益是最为重要的。什么叫提高效率？就是能够减缓老百姓行政诉求的功能必须要加强。经常有人抱怨，成立一家民营公司、私营企业甚至是一小个体户，都需要到各个部门盖十几个章。据说连符合政策生二胎也需要盖十几、二十几个章，许多人都是因为手续太麻烦而放弃了。这样一种明显遏制了社会发展效率的问题，必须得到解决。

另外，更重要的一点就是利益问题，从某种意义上来讲，既有的部门设置倾向于强调行政部门的直接操作权，比如说发改委被称为所谓的"小国务院"，其各种微观职能应不应该改革？因为一旦行政部门有了微观职能之后，就会涉及利益分配问题。而行政部门一涉及利益分配，就会出现权力寻租的问题，就可能会出现不公平现象。

所以，效率和公平是最重要的，我们应该按照这两个原则去观察，哪些部门应该合并，哪些部门应该删减，哪些部门应该放大。我们期待看到一个更完善的部门架构。

第二篇
解读资讯，诊断投资市场

校花难摘　急病慢医　股市信心　风险控制　丁蟹效应

正负利率　银行改革　信用陷阱　基金变革　梦醒时分

火腿理财　信托骗局　药看疗效

退市时代　市场话语　主席更替　低调挂牌　回归本源

第四章

股市病了,还有谁敢出手

校花难摘

2012 年 9 月,A 股市场指数不断下挫。当时,证监会针对资本市场几大热点进行了集中回应,包括新股发行节奏、蓝筹股长期投资、打击内幕交易等。很多人都在讨论监管部门到底有没有在救市,市场各方面的反馈认为,有关部门还是在救市的。

据说,当时新股发行链条的前端和末端仍旧非常火爆,有大量 IPO 项目申报到证监会,发行之后的许多公司也悄悄上市了,而在这两者中间,证监会对整个新股审批采取了"你报上来之后我就是不给你审"的态度,就这么拖着。所以,监管部门其实是在救市的。

但是,证监会在提到资本市场的热点时却说:"你们不要用救市的眼光去看待证监会出台的政策和措施,市场有它自己的价值,不要用短期的视角来衡量。"

这让人想起一个很热门的段子,还记得李大霄吗?那位号称2132点是钻石底的李先生。市场为什么会跌破这个钻石底,甚至跌破了2000点呢?他讲了这样一个故事:某大学有一个校花,人长得漂亮,各方面条件都特别好,有很多男生追。那么,后来这校花是怎么被人追到手的呢?原来,快临近考试了,男生都忙于考试,有一天校花生病了,却没人照顾。他们班上一个男生发现了这个情况,就赶紧过去嘘寒问暖,结果两人就成了。李老先生就说,对于现在的股市来说,所谓的钻石底就像正在生病的校花,校花到了最好摘的时候,只是时间不对没人去摘。

这个故事很有意思。校花再漂亮,行情再有机会,如果不抓紧机会拿下,错过了就再也没有机会了。

何必讳谈救市呢?这个市场的确处于弱势当中,机会确实不好,并且绝大部分投资者都被套牢了,以至于整个市场的信心迟迟没法恢复。看看国外,2008—2009年,面对全球市场的金融危机,六大银行联手救市,不就救了吗?欧洲又如何呢?欧洲所谓的超级玛丽号——欧洲央行的行长一再声明要救市,就是要维护欧洲市场里欧元的稳定。明确地告诉大家,央行就是要救市,又有什么好怕的呢?所以,根本没有必要去避讳"救市"这样的词汇。

　　道理很简单,金融市场在某些时候是失真的,市场心理会影响行情。当所有投资者都觉得市场不靠谱的时候,它就会下跌。只有有人站出来,愿意为市场买单,这个市场才能够稳定下来。最后买单的人是谁呢？靠的就是我们的监管部门、我们的政策市场和基金带给我们明确的信号。

　　与其眼瞅着"校花"年老色衰,还不如赶紧把她拿下,明确告诉别人"校花"就是我的。这个市场就应该去救,并且应该大大方方地承认它的投资价值。只有这样,这"校花"才能真的堪称"校花",

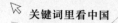

这钻石底才能成为一个真正的钻石底。

急病慢医

"股市得病,并且病情紧急,有可能就直接崩盘了,股市有可能要关门了。"这些都是网上的谣言,不足为信,股市是不可能关门的。或许这个市场真有可能会崩盘,但是,股市的急病还是应采用慢医的方法,慢慢地医治。

前证监会主席郭树清曾经在《行政改革》杂志上发表过一篇署名文章叫作《我国资本市场的成就、问题和前景》,对市场存在的问题作了一些很深入的探讨,其中就提到了长期的改革。

他说,中国的资本市场仍然处于一个幼稚期,相当于还在上幼儿园,距离成熟还需要 10~15 年或者更长的一段时间。他认为中国资本市场主要存在三个问题。

第一个问题是资本市场自身的结构不平衡,表现为股票、债券比例失调,股价结构不平衡,投资者结构不合理,机构投资者和散户投资者不平衡等等老问题。

第二个问题是市场的波动、震荡很有可能会加剧,涨的时候涨得很猛,跌的时候跌得很厉害,对市场投资者的心态有很大影响,可能会伤害投资者。

第三个问题就是资本市场服务于实体经济的能力比较弱,哪儿缺钱，哪儿不缺钱，资本市场的资金判断不了，而包括居民的理财渠道也比较少，潜在的金融风险进入了银行系统。

文中对于改革发展也明确提出了一些目标，比如说社会融资结构改革，市场的深度、广度、国际化等，这些目标听起来很遥远。这不禁让人思考，为什么对于股市，我们所希望的具体措施文中却只字未提？

郭树清是一名学者型的官员，注重长期制度建设是学者型官员的　个共同特征，而政策救急是让位于市场重建的。郭树清不是一个"头痛医头，脚疼医脚"式的行政官员，他更关注一些体制性的问题。

郭树清之前发表的一些学术论文，比如说《比较价格体制》、《经济体制转轨与宏观调控整体的渐进》、《直面两种失衡》等，接受过系统经济学教育的人听到这些文章的名字，内心深处想必颇有共鸣。郭树清还得过两届孙冶方经济学奖。经济学理论比较扎实的人，更渴望从价格体制深处改革，从体制完善等角度去改革这个市场。从某种意义上来讲，对于所有系统学习过经济学的人来说，这些改革目标几乎是所有人共同的梦想。但既然称之为梦想，就意味着实现的难度很大。回到资本市场也是如此，郭树清也许有很多学院派的市场梦想，但现实状况却未必如梦境般美好。

资本市场得了病，需要从制度深处慢慢医治，所谓"急病慢医"就是这样一种概念。

🔍 股市信心

从 2012 年 11 月底到 12 月初,上证指数终于跌破了 2000 点。一些经济学家和券商也在 2012 年接近年底的时候开始发表自己的看法,其中特别值得一提的是"空军司令"谢国忠。这位看空中国经济学家当时在接受媒体采访时表示,中国的 A 股市场其实已经没有泡沫了,目前只有 10 倍到 11 倍的市盈率,相对于美国股市来说还是比较便宜的,但是因为很多中国公司的赢利是下滑的,所以如果中国这些公司的赢利能力不能提升的话,股市还是很难走高。

对于这样一个一直立场坚定的、身材比较瘦小的大"空头"——在我的观察中,空头一般都比较瘦——也认为现在市场没有泡沫了,看来他已经开始转看多了。以我之前与谢国忠对话的经历来看,谢国忠先生在历史上并不是完全没有看多过市场,比如说在 998 点那一波行情的时候其实他是看多市场的,只是他也没有想到股市会从 998 点一路涨到 6124 点。但老谢大概是在 2000 多点接近 3000 点的时候就认为市场有泡沫了,如果按照他的建议操作,牛市的后面半程就基本上赚不到钱了。但是,当从各种角度去剖析市场,把所有的泡沫都撇掉之后,认为市场具有了投资价值,他这样一种观点无疑是比较客观的。

　　在市场最为羸弱、最为困惑的时候,时任证监会主席的郭树清发表了一篇文章叫作《更为重视法制推动资本市场改革发展的重要作用》,提到了下一步与资本市场法律制度建设相关的七项内容。资本市场的法制化发展是一个必然趋势,但是对于投资者来说,这其实是远水和近渴的问题。无论给大家描绘一个多么美好的未来,告诉大家到 2020 年、2030 年中国股市能涨到多少点,也没人会相信。大家只相信眼前的现实,那就是股民人均亏损一度高达七万多元。有媒体算了这么一笔账,如果用这七万多块钱每天买一个鸡蛋吃,投资者能吃 300 年。但是想想看,这鸡蛋吃够了,股民的股票账户也就要变成"鸡蛋"了。

　　当时,郭树清还出席了一个财经方面的论坛。在市场下跌到谷底的时候,他说的话题是,着眼于长远的综合配套改革,对于市场他只说了一句话,那就是"我充满了信心"。充满了信心,并不意味着市场就能在这样的信心中上涨,就像房地产调控政策一直在严厉的实施当中,并不意味着房价就能被长期地压制下来——在 2012 年年底,房地产市场就迎来了一个暖冬。

　　当股票市场处于低位格局时,其实是推出改革措施的最佳时机,维护市场稳定重在操作。当市场处于低位的时候,需要监管部门有逐步明确的措施跟上。在市场的底部,有几件事情可以做:第一,既然决定要救市,就应该大大方方地承认。既然承认是我们的政策市导致了市场羸弱的状况,为什么不让政策市明确表态要维护市场? 第二点与经济调控有关。改革是中国经济发展的最大红利,而政府和市场之间的边界问题恰恰就是改革的方向,对于股市来说是不是也应该如此呢? 就资本市场而言,相关改革从一些细节当中完全可以着手。我们有很多上市公司在排队和竞争,会发生"插队"的问题。有些上市公司是有行政级别的,比如说中国水电特批绿色通道来上市,证监会到底能不能管得住? 这是不是国有企业的行政体制和市场体制之间的矛盾呢?

"监管部门对于市场的下跌要承担一定的责任。"这是证监会领导所说的话。但这个责任如何去落实? 如何去把这样一种责任转化成为动力? 我们并不是希望一些行政官员因为市场的下跌而引咎辞职,毕竟市场涨跌本不是行政部门要负责的。但是,相关责任什么时候能够反馈到行政当中来,而不是当市场需要"水"的时候却告诉大家,我们需要搞清楚这"水"的法制问题。这"水"的法制问题与把水喝到嘴里相比,哪个才更加解渴呢?

羸弱的市场一再地警示监管部门:你们的行政作为在哪里?

🔍 风险控制

所有的老投资者都知道,1995 年发生了一个"3·27"国债事件,这个事件当时闹得非常大,以至于这个事件之后,国债交易就暂停了。近 20 年时间过去了,新任证监会主席肖钢终于在 2013 年 4 月 1 日批准了中金所开展国债期货的交易。那么,重新开放国债期货会给市场带来什么样的影响呢？

实际上，重开国债期货交易的影响基本上都是正面的。"3·27"事件之所以会爆发出来，是因为当时整个市场交易的盘子非常小，多方和空方很容易控盘。在当时通货膨胀非常严重的情况下，在剧烈的经济波动当中，双方就产生了投机的冲动，乃至于造成了"3·27"事件的出现。

然而，现在中国市场经济规模巨人，资本市场、国债市场的规模和当时不可同日而语，一两个机构已经很难去操控这样 个市场了。因此不用太过担心，国债期货的推出更多的是为了稳定市场，给以商业银行为主的机构投资者带来一定的稳定收益，或者一个套保的机会。

将来，商业银行可能会针对国债期货推出一些理财产品，这部分理财产品的收益率会比现在理财产品的最低收益要高一些，因为可以通过国债期货来做套保，所以风险是非常低的。对于稳健型投资者来说，将来会有更多的理财产品可以通过商业银行体系来获得，而对于大多数风险偏好型的投资者而言，国债期货对他们影响是微乎其微的，不必动辄拿"3·27"与现在进行比较。情况已经完全不同了。

而没有翻过去的一页是我们真正的"股神"——社保基金。对于股市来说，我们一直希望找到一些榜样，榜样的力量总是无穷的，而社保基金就是一个非常棒的榜样。

根据社保基金理事会公布的数据，2012年全国社保基金的投资收益为 645 亿元,投资收益率为 7%,创出了三年以来的最高水平,而 A 股在 2012 年全年只涨了 3.17%。从历史经验上来看,社保基金的投资收益也是比较高的。社保基金为什么就能做得那么好呢?

关于这一问题,坊间是有一些传闻的。比如说,社保基金是通过证券投资基金去做具体操盘的,所以有人认为帮社保基金操盘的基金产品,可能是先行买入,再让其他的公募基金帮自己"抬轿子"。所以,社保基金通过证券投资,其收益会比一般公募基金要高。这是一直以来就有的传言,当然没有得到权威机构的认证。抛开这点不谈,社保基金之所以能在 2012 年取得较好的收益,主要是因为它比较好地控制住了风险,相对于介入股市,其稳定型投资——比如债券投资等相对平稳的固定收益投资比例还是比较大的。所以,在未来国债期货的推出对社保基金也会产生吸引力。

金融产品的创新有助于使稳定收益的回报率有所增加,风险厌恶型的投资者将来或许会越来越有福气,福利会越来越多。但在市场趋势不明朗的时候,风险偏好型的投资者需要避免过激的操作行为,不要盲目地做多或者做空,更不要让"3·27"这样的事件在我们今天的 A 股市场上、在个人账户当中再次出现。

丁蟹效应

2013 年 4 月 1 日,是港澳台股民 A 股的首个开户日,但是券商预期中的火爆场面并没有出现，当天仅开设了 1000 多个账户。

市场之所以处于淡季，一方面和节日效应有关——当时正值清明节前——马上要过节了，人心散了，这是一个理由。而另外一个理由就是传闻中的郑少秋又出现了。郑少秋拍了一个电影叫作《忠烈杨家将》，将在 2013 年 4 月 4 日正式上映，很多人就开始害怕了。除了 A 股市场的投资者，香港的投资者尤其害怕，因为他们担心"秋官效应"又要来了。

郑少秋号称"秋官"，这是观众对他的昵称。在 1992 年 10 月上映的电视剧《大时代》中，他在里面扮演了一个角色，名字叫丁蟹，这个人物经常在股市中操盘。当时电视剧一播映，香港股市就开始暴跌。之后，郑少秋每一拍电影或者电视剧——只要是"秋官"主演的 一股市就立马暴跌，包括 1997 年亚洲金融危机、2000 年科技股泡沫崩裂、2008 年美国的次贷危机，香港股市暴跌似乎都与郑少秋的影片有关系。所以到了 2013 年，距离最早发生"秋官效应"的 1992 年已经过去了整整 21 年，"秋官"却仍然会发威——电影《忠烈杨家将》上映之后，又把市场打下去了。

甚至有券商还针对"丁蟹效应"专门写过一篇正经八百的研究报告，分析郑少秋的丁蟹效应、"秋官"效应为什么会导致港股暴跌。对此，郑少秋自己也很无奈，说如果自己知道的话，及时做个空，不是也能赚钱么？从逻辑上来讲，一部电视剧、一位演员、一个影视作品与股市涨跌本没有任何直接关系，"丁蟹效应"有很大的偶然性，并不值得去深究，而权重板块的弱势才有可能加剧震荡。

　　大家都希望股市当中能够有一位股神能告诉自己，什么点位是顶点，什么点位是底点。有网友发现，香港的股市有一个郑少秋的丁蟹效应，而到了A股市场这边，也有一个女股神诞生了。所谓"香港有秋官，内地有靓颖"，有位网友把张靓颖参加社会公开活动的行程做了一些统计，发现与股市的涨跌点非常吻合。比如之前的998点、1949点、1664点，乃至于在2013年4月8日，张靓颖在博鳌亚洲论坛当中参加了青年领袖的论坛。于是就有传闻说张靓颖的亮相有可能意味着股市将要见底了。这种说法靠谱么？其实完全没法用逻辑来解释。就像郑少秋一有新剧上映港股就暴跌一样，无从解释。

　　股市当中有很多神奇的巧合。当有越来越多的数据证明中国经济处于高增长而通货膨胀压力减缓的状况之下，中国股市为什么还是那么不"给力"呢？当对比美国股市，道指和标普都已经把次贷危机的影响全部甩掉了，为什么美国股市已经恢复，而我们的A股却依然深陷泥潭呢？这些问题显然不能够用一些明星的"股神效应"去解决。

　　在宏观经济向好的背后，我们不得不考虑一下，微观市场为什么不"给力"？原因之一在于核心的改革推动还没有出现，这就意味着宏观和微观之间的传导机制存在问题。怎么去解决传导机制的问题呢？这需要结构性改革去推动，即通过市场运行把更多的福利提供给普通的企业和个人，这也意味着宏观红利要能够反映到微观当中来。所以，引导股市上涨的重要核心，就是在经济发展或改革发展的黄金期大刀阔斧地去推动改革。

香港有秋官,内地有靓颖

宏观经济和微观股市如果出现背离的态势,肯定是一种短期现象,长期来看两者必然将会吻合。而其中转折的关键点就在于企业效益,只有当宏观经济的快速增长能够反映到企业效益当中,企业有效淘汰整合过剩的产能,上市公司的业绩才会提升,宏观和微观之间的通道才会由此打开。

第五章

理财的馅饼居然是个陷阱

正负利率

理财是每个人都喜欢做的事情,正所谓"你不理财,财也不理你"。但是,我们讨论理财不能只是泛泛而谈,而是要和经济环境挂钩。

其实理财和 CPI 以及银行利率是相关的。当 CPI 物价涨幅有了明显回落的时候,一年期存款的实际利率就有可能由负转正,人们理财的方向也会随之转换。

处于负利率的时候,每个人都很着急,因为这意味着存在银行里的钱实际上是亏损的。还记得那个农村低保的故事吗？大概是在1982年时，有位老农花了200多块钱买了个农村养老保险，当时200多块是不小的一笔资金。当他真的要退休时，却发现每个月只能拿到2块钱或者3块钱的退休金。30多年前的200块和现在的200块是一个概念吗？完全不同，显然这个老农的养老金投资亏大了。

所以，当利率为负、通货膨胀较明显的时候，每个人都会非常焦急，觉得自己的钱放在银行里每天都在缩水，所以大家理财的欲望很高，商业银行提供的理财产品也非常多。比如说2011年，这对于股票投资来说是非常黑暗的一年，但如果理财产品做得好的话，2011年也是非常辉煌的一年。如果在2011年只买银行的理财产品，年化收益率能达到5%～6%，虽然银监会不断叫停，但是收益率仍然居高不下。如果固定收益产品做得好的话，年化收益率甚至能达到10%以上。而股市呢？2011年A股市场整体下跌20%以上，相比之下就相差了30%，这是一个巨大的差距。

在这样的负利率环境下，我们免不了要去讨论很多的投资产品，包括"蒜你狠"、"豆你玩"、"姜你军"等，乃至于后来出现的艺术品、黄金以及红酒投资等，你所能想到的投资门类都会出现。原因就是市场处于负利率之中，所有的资金都在东奔西跑，都在寻找所谓的合理的投资机会。

但这有个重要的前提，就是整体利率状况必须是一个负利率，当利率由负转正了，我们就会发现理财产品的数量开始减少，很多

理财产品的预期收益率也开始下降。在正利率时代,理财产品的
设计和购买都将变得非常困难。一方面,银行由于受到监管的限
制而无法提供更多的理财产品;另一方面,当公众发现在银行存钱
也可以赚钱之后,理财需求就会减少。

当通货膨胀率很高的时候,一方面大家都有保值需求;另一方
面因为银行缺钱,要通过揽储去拉存款,所以会允诺一个较高的理
财收益预期,把资金吸收进来。但当情况发生了变化,在央行连续
下调存款准备金率之后,银行就不缺钱了,市场仍需要高收益率,
银行却不愿意给了。这就是一个正常的理财现象,以上海为例,白
领一年的收入一般为 6 万~8 万元,10 万元就已经很不错了。如
果银行理财产品的收益能达到 6% 以上,将 100 万元存款放到银行
理财产品中去,一年下来能稳赚 6 万元;有 1000 万元,那就能赚 60
万元。但对于没有那么多财产进行理财的中低收入群体来说,他
们只能安分地把钱存进银行里,享受的却是负利率,贫富差距就这
样被拉开了。社会就会出现这样的问题:在负利率时代、通货膨胀
时代,富人越来越占便宜,穷人越来越吃亏,理财产品的差异拉大
了社会贫富差距,倒逼财富分配调整加速。

美国贫富差距分化是 2008 年金融危机爆发的根本原因,但世
界银行的数据显示,2008 年各国贫富差距的比值为:中国 10.7 倍、
美国 8.4 倍、俄罗斯 4.5 倍、印度 4.9 倍、日本 3.4 倍。可见,收入
差距大的情况不仅出现在美国,在中国也同样出现了。一个微小
的银行理财产品都能带来社会财富的重新配置。

银行改革

建立存款保险制度是金融市场体制改革的一个重要环节,全国人大代表多次提出要建立这一制度,而央行在 2012 年终于给出了正面回应,称"有关部门对我国存款保险制度的设计和建设已经基本达成了一致意见,具体方案正在研究并逐步实施"。一些不太了解政策的人可能会问,存款保险制度和我们有什么关系呢?

实际上,存款保险制度有两个层面的实质性含义:第一个层面是以后放在银行里的钱就不再由国家提供担保了。新中国历史上商业银行破产、倒闭或是重组的案例都是由国家最终买单的,国家一般会指定另一个银行作为托管行把破产银行给合并了,这样就完全不会影响储户的利益。以后要是某银行破产了,出现挤兑状况,存款保险制度就将发挥作用。按照国外惯例,存的钱越少,保险兑现的金额就越多。比如存了 1 万元,可能兑现 8000~9000 元;如果存款 100 万元,也许保险机制就只能兑现 50 万元。存款保险制度建立后,银行就可以大大方方地按照市场机制去破产了。

第二个变化更加重要,一旦存款保险制度建立起来,意味着整个商业银行市场的准入大门就彻底开放了。以前,监管部门不大允许民营企业进入,是觉得它们不太靠谱,万一银行破产、老板跑路,最后还要政府财政来兜底。而存款保险制度建立起来之后,有商业化的保险公司在背后为银行作保障,那么民营机构再去做银行就很简单了。有了市场化的保险机制,即使老板跑路了也不怕,最后由保险机构来买单,而且这个买单行为是符合市场规则的。

我们常说,美国有上万家的银行,比如村镇银行、社区银行,也有针对民营企业的银行、针对小企业的银行、针对具体理财产品的银行等。那么,为什么中国没有这么多银行?问题的核心就在于我国还没有建立起存款保险制度。所以,央行正式开始设计存款保险制度是一件好事,金融体制改革将会给市场带来强大的推动力量。大门已经开启,存款保险制度的第一步才刚刚迈出,下一步的改革举措必须要成为重点和要害。

此外,还有这样一则和银行相关的消息,称江苏银行在上海的一家支行将 3.2 万客户的信息"批发"给了北京一家信息咨询公司,这明显涉嫌违规。在日常生活中,我们的个人信息很容易被泄露,例如在某家用电器公司买了家电,然后留下了手机号和家庭地址,这些信息都有可能被卖出去。和这些信息相比,银行保存的信息更为重要,因为银行保存的信息里包括更多个人资料,比如身份证号码、姓名,以及客户的存款规模和存款结构——多少钱用来买理财产品、多少是现金。如果银行证券和账户相关联,那还能知道客户投了多少资金到股市中去。这些重要资料对于想利用信息发财的不法之徒十分重要,也由此催生了信息泄露事件频繁发生。

就像我们之前提到的,存款保险制度将打开银行竞争的大门,而与此同时,我们的证券监管部门也希望投入大量资金到银行体系中来,从而推动股价的上升和证券市场的上涨。但中国银行现在有底气成为资本市场的定海神针吗?

据说,银行理财产品背后有一条潜规则:银行卖理财产品的时候会给定一个预期投资收益率。按惯例,要是最后的实际收益率比预期高,超过部分银行就悄悄拿走了,有时候是作为管理费,有时候甚至一声不吭;要是亏了,银行绝对不会承担责任,只有自己承担。还有一条消息,潜逃了8年之久的中国银行东北某支行行长高山从加拿大回国自首了。在2000—2004年期间,高山本人大概私吞了银行10亿元人民币的资金,8年之后终于回国伏法了。

可见,银行体系的内部问题仍然很多,包括盈利问题和刚刚提到的安全细节问题,亟待通过存款保险制度的建设来开放竞争,促进金融体制改革。

信用陷阱

提到信用卡市场,我们不得不感慨,到底该将其称之为"馅饼",还是"陷阱"?

关于信用卡的负面新闻其实很多,比如在2012年7月,西安某市民涉嫌恶意透支信用卡达到40多万元,被警方刑拘。结果,在拖欠的44万元人民币当中,实际刷卡消费和取现只有11万元,另外30多万元都属于所谓逾期未还的利息和滞纳金。此外,有银行承认,为了催讨信用卡欠款,银行甚至会和一些专业的讨债公司合作。很多人觉得,讨债公司在中国,从某种意义上看,与"黑社会"性质类似。所以,现在信用卡市场变得越来越复杂、越来越乱。

对于信用卡透支,交罚款、交滞纳金的问题,学界一直存有争议。我们国家的银行基本上就是按照"全额罚款法"运作。如果用户信用卡透支了 10 万元钱,结果在还钱的时候只还了 99999.99元,少还了 1 分钱,但是罚息、滞纳金统统都是按照那 10 万元钱计算扣罚的。中国的银行声称这是国际惯例,用户也无可奈何。

但实际上,媒体调查发现,这种状况从所谓的国际惯例来看,其实并不成立。比如在美国,滞纳金设有上限,大概只有 25 美元,罚款或者追加利息一般不超过欠款本金金额。所以说,"全额罚款法"并不是所谓的国际惯例。

信用卡市场泛滥的趋势,让人想起了之前的韩国。从 2000 年开始,韩国的信用卡市场开始起步。在东南亚金融危机之后,怎么去刺激消费呢?韩国就鼓励大量发行信用卡,包括像 LG 这样的公司,本身不是银行机构,但是也在发行信用卡。结果,韩国信用卡的持有量一下子就上升了。韩国人均信用卡的持有量在 2003 年的时候超过 4 张,超过了同期美国的水平。然后,信用卡的使用状况就开始恶化。当时就有一篇小说叫作《通向地狱的列车》,其中将信用卡比喻为通向地狱的列车。银行滥发卡,导致的结果就是信用卡还款风险越来越大。

所以,信用卡违约,从当年韩国的例子到今日之中国,从所谓追责或者暴利的情况来看,信用卡违约频繁的根源就在于当初的滥发。银行以发卡为名,赚取高额暴利,利息、罚款、滞纳金等等都在大赚用户的钱。

办信用卡很容易,据说在某些银行只要有一张身份证就能办理,银行像卖白菜一样卖信用卡。但是,天下没有免费的白菜,将来会问您要一棵"翡翠白菜"归还。银行当初滥发卡会给今天追责,问消费者要钱埋下伏笔。虽然关于罚款等事宜银行在发卡的时候可能并不是宣传的重点,但是到最后还是会向用户"如数"要回的。

基金变革

2012 年年底,经国务院批准,有关部门再次扩大了商业银行设立基金公司的试点范围。在此之前已经有过两次试点扩容,主要涉及大型国有商业银行,比如中国工商银行、中国建设银行、交通银行、中国银行、中国农业银行等,共有八家国有银行和股份制商业银行设立了基金公司。

有人推断,第三次扩容意味着商业银行整体设立基金公司的范围将会大幅度扩张,会扩张到什么地步呢? 各地区银行——城市商业银行甚至包括农村的一些商业银行都可能会获得设立基金公司的权限,这对于银行系基金公司扩容而言是一个非常重要的消息。

但这个消息能不能构成一个实质性利好呢?

这里面或许要打一个折扣。银行系的基金公司现在只是在政策上获得批准,真正落实到资金与入市则需要一个漫长的过程。金融机构的申请和审批过程往往非常复杂而漫长,所以银行系基金公司的设立过程是非常麻烦的。通过审批和设立之后,基金公司要提出相应的基金产品,然后以基金产品之名去发行与募集,募集好之后再进行市场的投入,又需要一个过程。

但是,这件事情也相当重要。其原因就在于,现在的公募基金市场真的是乏善可陈。长期来看,基金公司实在是缺少黑天鹅事件,应当鼓励变革管理费的征收制度。

在牛市当中,基金公司多收点管理费可以理解,毕竟大家都赚钱了,理所应当。但是,在熊市当中,在基金公司整体面临投资巨亏的情况下,依然要向投资者征收大量的管理费,即所谓"旱涝保收",这个问题就应该引起我们的关注了。

投资者把钱交给了基金公司,相信它们真的是理财专家。结果呢,亏得一塌糊涂,但基金公司却通过征收管理费制度保证了自己的收益,这就在投资者和基金公司之间形成了利益反差。这种反差在熊市当中使得双方的情绪对立非常明显。

那么,如何去解决这种情绪对立格局呢?

举两个例子:在 2004 年的时候,国泰基金曾经暂停征收管理费;2008 年的时候,博时价值也曾经暂时停止征收管理费。

但是,对于基金公司这种主动让利给投资者的行为,监管部门并没有给予积极鼓励。所以我们觉得,公募基金的改制不能因为市场行情反弹就被忽视掉、削弱掉,而应该从以下两方面来着手:第一,监管部门应当鼓励基金公司主动让利给投资者,缓和矛盾;第二,让类似于银行系这样的更多新的基金公司介入到市场中来,让更多的基金愿意去做这只黑天鹅,愿意把更多的钱让利给投资者。

梦醒时分

2012年下半年,有两个投资品出现了价格下跌,其中之一是飞天茅台:53度飞天茅台从最高的每瓶2300多元跌破千元。茅台酒一贯是被恶炒的,起步价只有五六百元,最高被炒到2300多元,所以有人称之为"吸血产品"。另外一款类似的吸血产品是翡翠,其价格也出现了明显的暴跌。

对于投资品,不妨先阐明下我们的观点:任何一种投资品,只要喊出"只涨不跌"的口号,就一定是有问题的。即便是像翡翠这样的不可再生品,全世界总量就那么多,开发一点少一点,也不可能出现价格只涨不跌的情况。翡翠玉石的矿产资源固然有限,但买来的玉镯、挂件,除非一不小心打碎了,否则就会一直被存放着。价格上涨的时候,翡翠就会被收藏起来坐等增值;价格下跌的时候,持有者就会把它抛售出来。整个市场的供给不会因为资源稀缺而减少,所谓资源稀缺的概念根本不成立。

对比翡翠,茅台酒更不算是稀缺资源。赤水河的水奔流不息,加点高粱米就能制成茅台酒。尽管在技术工艺上有一些壁垒,但茅台酒的生产根本不存在资源稀缺的问题。真正不可再生的、稀缺的是石油资源,价格每年都在暴涨,但即便如此,石油价格在暴涨之中也会出现下跌态势,有涨有跌。

作为投资者,必须具备一个投资常识:当一个产品喊出"只涨不跌"的口号,自称是"不可复制的绝对价值品"的时候,往往是存在风险的,翡翠、茅台,还有之前热炒的所有艺术品和商品皆是如此。也许你会认为某位艺术家的作品是不可替代的,其实这种看法也未必正确。这位艺术家可能已经去世了,作品价格在不断上涨;但过两年可能又会推出新的更火的艺术家,之前的那位艺术家可能就要被冷落了。艺术品看似稀缺,其实相互间也存在着竞争,而艺术家是层出不穷的。

任何投资品都不存在"只涨不跌"的情况,投资者不应该盲目轻信"只涨不跌"之言。同样,股市也不可能一直只跌不涨。

🔍 火腿理财

您听说过火腿也能理财吗?当然,这火腿不是指超市的火腿肠,而是指类似于金华火腿那样的、一种来自西班牙的火腿。中国工商银行基于这样一种消费品推出了一款理财产品,于是乎火腿也能做理财了。

以真正的消费品,甚至是以食品作为理财产品,在我们的记忆中应该火了不超过两年。前期用的比较多的是红酒、普洱茶这些东西。它们有个共同的特点——包括火腿也是一样——发酵期比较长,可以储藏起来不容易变质。然后,用这些东西进行投资的话,送人、自用两相宜,更为关键的是能够给出一个比较高的预期投资收益率。据说,这个火腿理财产品的收益率将会高达7%以上,在投资市场相对低迷的背景下,这样的收益率还是很可观的。

但对于火腿理财产品来说,它的预期收益率只能作为一个参考。这些另类理财产品的实际投资收益率其实存在着很大的变数,价格涨跌很迅速。比如说,红酒交易指数在2012年7月的时候就下跌很厉害,最多时下跌了20%左右。

西班牙火腿确实好吃,但是把它作为一个投资产品的话,怎么去控制西班牙的火腿产量呢?它的品质又如何去保证呢?它的市场供求关系能不能把握呢?把握不了供求关系以及将来上市的数量和消费需求规模的话,它的估值又如何去核定呢?所以,另类理财产品存在着许多非常复杂的问题,投资者应以一种"玩"的心态去面对它,而机构给出的预期收益率只能作为参考。

更为关键的是,从这些另类理财产品上我们可以看到,整个中国社会有多达百万亿的资金总量,而投资者们真的非常困惑,找不到更好的、能够获得长期投资价值的产品。

　　所以,当另类投资理财产品火爆的时候,根本原因在于很多资金找不到好的投资方向。如果有人买了 10 万块钱火腿,假如被套牢的话,最多能换 100 千克左右的火腿,能吃得完么? 套牢了,还可以慢慢在家吃火腿,但问题是,那 10 万块钱,还有别的更好的投资选择么? 这才是我们需要思考的。

信托骗局

一般来说，在金融市场中，大家提到的银行、证券、保险三大巨头都是要有专门的监管机构的。而信托行业则没有直接的监管机构，只能靠银监会来进行监管。事实上，信托行业是最近几年金融行业真正的隐形冠军，赚了很多钱。

信托业很多人的收入远比当年的券商界人士高得多。如果信托行业的人去参加《非诚勿扰》，估计那 24 盏灯肯定全都亮着。

但是，仔细观察会发现，信托行业的疯狂发展是社会资金收益率整体偏低造成的。信托行业的整个资金规模远远超过基金行业，仅仅落后于保险行业。信托行业的投资越来越多、越来越复杂，连火腿也有理财产品了，从之前的红酒、房地产甚至到如今的墓地等产品，信托产品的种类越来越多，投资方向越来越广泛，行业整顿已经呼之欲出。

据说，2012 年 10 月，监管部门召集了部分在该年度大量发行资金池类产品的信托公司，要求它们规范此类产品。这一举动给近年来在信托业界迅速发展的资金池类信托产品敲响了警钟。

资金池是什么概念呢？"资金池"最早是由跨国公司的财务公司与国际银行联手开发，以统一调拨集团全球资金为目的的现金管理手段。之后逐渐被金融机构发展成为将资金用于投资谋利的资产管理方式。银行理财池、基金都是典型的代表。不过随着银行理财资金池屡屡受到诟病,在银行信托途径受阻、资本市场沉寂、市场利率下行等因素的共同作用下,理财无门的资金催生了信托版本的资金池的大量涌现。

信托公司以前做投资项目是这样的一个流程,先拿出一个项目介绍书,介绍这个项目内容是什么、投资方向在哪里、项目本身盈利有多少等等,最后劝说客户购买。后来,信托公司发现种先有项目然后再去找资金的方式,速度很慢、效率很低、效果不好,于是他们就想了一招,就叫作资金池。

资金池就是不出示具体项目,只是告诉客户,信托公司要募资,客户可以投资,当个几亿、几十亿的资金进来之后,他们就可以做一个资金池,之后再去找投资项目。可见,前后两种投资方法的顺序整个是颠倒的。后一种模式出现以后,马上在业界引发了很大的争论,有人称之为"庞氏骗局"。

而所谓的"庞氏骗局"中的"庞氏"就是指查尔斯·庞齐。他是意大利裔的美国人,他发明了一种金融游戏。什么游戏呢?据说他当时创造了一家子虚乌有的公司,这家公司根本就不存在。他说这公司的盈利能力很强,然后忽悠人们来投资,源源不断地吸收资金。比如说,最早投入一万块钱,他承诺会在 3 个月之内给投资者 30％、40％ 的回报,到期之后人们利润、本金都不拿,再继续投给他。他就不断借新还旧地制造骗局,以吸引更多的资金进来,然后再把新投资者的钱作为快速盈利支付给最初投资的人。直到某一刻,资金链断裂,突然间盈利就无法兑付了。这就是所谓的"庞氏骗局",也就是以始作俑者的名字来命名的一个骗局,使得庞齐"名垂黑史"。

有人认为,信托产品的资金池与"庞氏骗局"的原理差不多。当我们把资金投入这个信托产品的时候,并不知道这个资金会投到什么项目中去,他们会不会到时候也是通过项目之间互相贴补来折腾呢?比如说,这个项目赚了钱,赚了之后信托公司再拿赚的钱去投项目或者补偿另外一个亏损的项目。然而作为投资方,是很难监管资金的具体使用情况的,很难监管这个信托资金到底是流到了 A 项目还是 B 项目。所以,这是一种新的变化,被人称之为"庞氏骗局"。

但是在我们看来,信托公司可能会是一个新的变化。现在整个市场理财产品的收益率偏低,银行理财产品目前基本上就是 4% 多一点的收益率水平,而很多人又希望财富能快速增加。怎么办呢?于是金融创新就出现了,而金融创新往往与高风险相伴,我们很难断定这个资金池的创新是否是一种新的"庞氏骗局",有些资金池还是有具体投资项目的,但是资金的流向监管确实存在问题。

所以,当市场投资利润普遍下降的时候,金融创新会越来越多,就像当年美国的次贷产品一样。只是对监管部门来说,会面临更大的监管难度和挑战。

第六章

创造真正有投资价值的市场

药看疗效

2012 年年中,时任证监会主席的郭树清先生前往西部地区做调研,受到了当地人民的欢迎,当地报纸也发布了名为"我要提问郭主席"的征集令。根据收到的反馈,很多人针对炒新、炒小、炒差、退市制度、新股发行、打击内幕交易等方面提出了建议。有人提出,监管部门虽然呼吁我们投资蓝筹股,但市场没有赚钱效应,政策也并不"给力"。

在普通的基层股民想对证监会主席说的话当中,其实提到的很多建议早就已经开始实行了，比如打击炒小、炒差的相关政策措施已在推进当中。

但效果如何呢？有一家公司叫作亿利达，它在新股上市首日的涨幅就达到了 43.94％，报收 23.03 元，盘中三次触发临时停板，使得深交所发布了一则炒新的临时警示令。值得注意的是，在首日抛售的卖出席位当中，前四位全部是机构专用席位。

所以，很多人都在想，有关部门当初可能是为了维护市场而采取了某些政策措施。比如说，有一项很重要的、用来平衡一二级市场差异的政策，即解除了机构持有新股上市首日配送的锁定期，这是为什么呢？因为之前有人说，一级市场和二级市场的价格差异意味着很多机构被锁定了，上市首日显示的筹码并非全流通筹码，因此监管部门取消了锁定期。但取消之后，又有人有意见了，因为取消锁定期使得机构拿了新股后，在二级市场一上市时就抛售，这个政策同样是有漏洞的。里里外外这项政策措施似乎都不对。

再说其他政策措施，比如退市政策。在创业板退市制度之后，主板和中小板也推出了类似制度，很多人对此也有意见，因为说虽然蓝筹股可以买，但是不涨；想买题材股炒作一把，又说这部分是垃圾股板块，监管部门不让炒；至 ST 股票，政策又希望它退市。这项政策似乎也不太对。

再比如说分红政策措施。监管部门力推强制分红措施，这也是在倡导价值理念的导向，但这政策同样遭遇了"里外不是人"的指责。很多人认为，在弱市、熊市、宏观经济不景气的情况下强推强制分红政策,没有考虑到一些成长性公司的客观情况,也没有考虑到部分公司在赢利不足时如何分红的问题。

其实,一些基层投资者所呼吁的措施,监管部门都已经在行动了,但是行动却没有得到市场稳定趋势的配合。稳定市场的政策要发挥效果,需要一个趋势配合,否则利好也会演绎成利空。这样的状况使得我们对市场的关注出现了困难。

有一个众所周知的段子,2012年的时候,任志强和吴晓求有过一个赌约,两人赌未来五年是股市赚钱还是楼市赚钱。老任这次嘴软了,说不管这次是谁赢了,吃亏的都是中国老百姓。对于中国投资者来说,做股市如果能够赚钱,还算是好的结局;要是楼市能赚钱,那对中国经济来说其实是一种更大的悲哀。但问题是,股市要赚钱真的那么容易吗?这样一个让旁观者感慨万千,而当事人不愿意去打赌的事情,反衬出我们的投资困境。

退市时代

在2012年圣诞节这一天,时隔五年之后,A股市场终于又迎来了退市的公司。两家ST公司——*ST炎黄和*ST创智恢复上市的申请没有通过审核,将会终止上市。"迎来"这个词有点别扭,与其说迎来某个股退市,倒不如说迎来了政策落实的效应。

从2008年开始,A股市场每年年底往往都是一个乌鸡变凤凰的一个好时机。大量 ST 公司垃圾股通过资产重组、大股东的变更、资产注入以及政府的财政补贴等手段,让自己的业绩报表到年底时出现翻天覆地的变化。之前亏损很多的公司在年底纷纷扭亏为盈,改变了之前连续亏损的格局,符合继续上市的条件,勉强地维持下去。五年来,A 股市场始终都没有出现过一个真正退市的公司。到 2012 年年底终于有了两家,整个退市制度现在终于动真格了。这是好事。

对于股市来说,我们一直希望看到市场恢复自身内在的造血功能。我们一直在呼吁调控政策能够去救市,原因是这个市场已经跌得太多,长期的低迷和信心丧失使得市场的调节作用正在消失。就像一个病得很重的人,希望他每天能够去跑个 1000 米,保持强健的体魄,是不现实的。你得慢慢地给他用药,先让他恢复健康,之后再慢慢地去调养,再去跑步,这才可取。当市场指数开始回复到年线以上以后,才意味着市场可以慢慢地开始自行"锻炼"。

退市制度其实就是这样,一个刚开始恢复并且有能力去跑步、进行康复锻炼的人,他应该去作进一步的提振——内在素质的提振。所以,优胜劣汰让退市制度的全面展开,股市制度的改革效应正在逐步显现。

郭树清在任证监会主席期间,一直侧重于股市制度的调整。当然他也有一些理想化的思路,比如说希望出现一个机构,帮助普通投资者代持股票,帮他们代理投资等等。

这些想法虽然在目前来看不太现实,但是从总体来看,伴随着市场信心的恢复和市场交投的活跃,新任证监部门对于制度的重建效应也会显现出来。这些制度在前期会显得用处不大,将来你或许会发现这些制度发挥着重要作用。

市场话语

2013 年 1 月 22 日,时任证监会主席的郭树清再次占据了几乎所有财经媒体的头条。他表示要大力增强市场的投资功能,最大限度地减少行政干预。对应投资功能的是什么呢?是融资功能。

那么,融资功能又是什么概念呢?我们这个市场现在更多的是重融资、轻投资,很多公司上市的目的就是为了圈钱,圈完钱拍拍屁股走人,一笔烂账扔给投资者,然后就不管了。这就是之前市场发展的一个弊病。

郭树清越来越强调对于市场的一个辩证而客观的论述。在全国证券、期货监管工作会议当中,他首先强调 A 股市场是一个不成熟的市场,总的方向是让市场机制发挥作用,但是不能简单地"放羊"、撒手不管,否则就会造成一个混乱的市场。

这是一个比较客观的说法。A 股市场的长期趋势就是打造"市场话语权":要使这个市场的供求关系市场化、机制市场化、管理的体例也市场化,涨跌的核心由市场来决定。但从某种意义上来讲,中国的 A 股市场确实不成熟。其特征就是,一旦有利好或者所谓的牛市,指数马上就涨得很高,一下子能涨到 6000 多点;而一旦熊市来临,就一下子跌到 1600 多点。波动的幅度特别大,这就是一个市场不成熟的特征。

当市场指数出现畸形的过高或者过低的时候,当市场的投资信心过于爆棚或者过于低迷的时候,监管部门就有责任和义务来维护市场。经常有人说,这个市场"不能救,不可救,也救不了"等等,这种说法并不妥当。不管是中国的 A 股市场还是海外市场,包括美国和欧洲的资本市场,当市场的运行出现明显偏离时,就应该有人出来干预,使之回到正轨。

金融心理学中有一个所谓的"头羊理论",是指一旦头羊发疯了,就会带动一群羊一起发疯。金融心理学的理论告诉我们,当市场已经疯狂,或是过度狂热、或是过度悲观的时候,监管部门就应该出手干预。A 股市场如此,美国市场、欧洲市场也是如此。

市场的核心在于市场机制,但并不排斥监管部门在其最为敏感的环节介入。从 2012 年年底到 2013 年年初,尤其是当市场最为悲观的时候,监管部门一再表示看好市场,一再强调市场具有投资价值的时候,很多人都当作是耳旁风,没有理解其含义。但是反过头来看,这样的工作确实发挥了作用。

郭树清的政策思路是非常清晰的。第一要把市场的健康机制建立起来,把那些不健康的因素、亏损的公司通过退市等机制排除掉;第二是渐进式地推动市场改革;第三则是引进战略投资者,引进机构投资者来完善市场的供求关系,让其表现得越来越理性化。

　　这些政策的长期市场效果，也许并不比当年的"股改行情"差。我们需要一起等待，等待市场机制好转之后，给整个投资市场带来积极的促进作用。

主席更替

2013 年 3 月下旬,证监会召开了干部大会,宣布中国银行董事长肖刚接任证监会主席的职务。而上一任证监会主席郭树清任职的时间还不到 18 个月,但是他在短短 500 多天的任期内,却推出了 70 多项政策和措施,尤其是在 2013 年 3 月 14 日到 16 日这三天中,连续发布了 9 份和市场相关的文件,这也被认为是郭树清主席的一个告别礼。

郭树清任职的时间很短,我们目前还很难对他取得的政绩或者就他对资本市场的深层次改革给出一个比较客观的评价。郭树清是一位学者型官员,在担任证监会主席之后实打实地做事,并尝试把学者的帽子抛掉。在他任职一年多的时间里推出了 70 多项新政,不可谓之不努力。客观来说,他确实是一位典型的勤政官员。在我们的观察中,似乎在每一个假期——无论是长假还是小长假,证监会都没有闲着,都在努力干活。

那么勤政之后,A 股是个怎样的情况呢? 郭主席上任的前一天是 2011 年的 10 月 28 日,上证指数是 2473 点,到了一年之后的 2012 年 10 月 29 日,上证指数累计跌幅超过 16%,而深成指则跌了 20%。如果仔细去梳理郭主席上任之后一年间的市场状况,会发现股票市场仍然受制于经济形势的变化,对于市场大势而言,宏观经济是股市最为关键的一个影响因素,而所谓70项新政的作用则被暂时低估了。股市的整体状况和当年确实不一样了。在当年的市场,一篇《人民日报》社论文章就可能引发股市暴跌,一篇看好的文章就可以推动暴涨。而现在,市场越来越多地体现出投资者对宏观经济基本面的高度关注。

姑且不论这70项新政在市场中的实施效果如何,但政策覆盖面从最早期的发行,到事中的监管、惩处,再到事后的追查,还有资金的引入,应该说对于几乎所有方面,郭树清都在努力尝试进行优化。只是就我们看到的效果来说,这些优化就像刚挖好一个坑把树苗栽下去,这树苗到底能不能长大、到底能不能长成一棵大树,还不得而知。

树苗刚刚种下,栽树苗的人却给换了。所以大家就不免会担心,换了一个人,施肥的方法变了、培育的方法也变了,会不会对这棵树苗的成长有影响呢? 对此我们应有一个基本的概念:对于中国行政部门官员的更替来说,一般不会发生来自于内核深处的大幅度变化。所以,在肖刚任职之后,对于证券市场整体监管的基本思路是不会改变的。

中国证券市场的症结说来说去就是那些问题:资金引入问题、投资者利益保护问题,违规惩处问题,以及IPO能不能符合市场规律等等。证监会主席从郭氏变成肖氏,并不能改变这些现状,新任的证监会主席依然需要面对这些老问题。不要期望会有太大的变化,也不要担心会有太大的变化。监管部门的换帅不会改变市场趋势,股市的发展需要新旧革新。

　　另一方面,每一个行政部门主管官员在任期当中都会体现出一定的个人风格,但是中国证券市场在肖刚任内极有可能会有意识地将其个人色彩抹杀掉。历任中国证监会主席都会给我们留下很多极具个人色彩的表述,比如提到尚福林,大家就会想到这样一句话——"开弓没有回头箭",讲的是股权分置改革;提到郭树清,就会想到两个字——信心。只要有人问他"你对股市有没有信心",他永远都会回答"我是有信心的"。这些标志性的、个性化的东西必然会在每届证监会行政官员、包括他所任职的监管机构工作当中打上烙印。

　　但是,证券市场的监管部门已越来越多地回归制度化,比如在内地居住的港澳台居民从 2013 年 4 月初开始便可以开设 A 股账户。对于该政策的推出,市场可能会觉得有些意外,但其在证监会的工作当中是一直在有条不紊地进行的。也许我们的证券市场上所有的问题大家都知道,所有的困惑大家也都能够理解,而监管部门在解决这些问题的时候是在相对低调但有条不紊的进程中缓慢推进的。我们不妨等等看,中国证券市场能不能在这种潜移默化当中,给我们带来更多的积极变化。

低调挂牌

　　2013 年 1 月,俗称"新三板"的全国中小企业股份转让系统在北京金融街正式揭牌了。这次揭牌仪式一切从简，原本计划的新闻发布会也简化成了官网的一条新闻稿。和官方的低调态度相比，业内对新三板却是充满了期待。除了股东人数可以超过200人，交易制度有所创新之外，人们更加关注的是新三板将如何扮演上市准备板的角色。

其实，新三板这个中国资本市场的创新概念，比当年的中小板和创业板还要意义重大。中小板和创业板，就像主板这位大叔抚养的两个小孩，对于整个家庭的架构来说不会形成什么大的影响，家庭还是依靠主板这位大叔来支撑着。这就是所谓的主板、中小板和创业板的关系。而新三板则意味着另外一位大叔也要出场了，虽然他的岁数还比较小，但成长速度却可能非常快。

从国外资本市场发展的逻辑来看，场外交易市场——就是没有挂牌的、类似于我们的新三板或者我们称之为OTC的这样一个市场——规模要远远比挂牌公开交易的上市公司数量多得多。其实在美国各地，有各种各样的场外交易市场，并且可能会成为一个更加膨胀的庞然大物，比公开交易的市场的规模还要大。所以，新三板最大的市场变革意义就在于此。

只是在以往，中国的上市公司或者拟上市公司更青睐于在主板上市。为什么？因为一旦在主板上市就能赚一大笔钱。

比如，在认股的时候只用了一两块钱，然后一上市，按照30倍的市盈率来发售，可能股价一下子就涨到了十几、二十块，能迅速产生十几倍的溢价，所以更多的拟上市公司或潜在的上市公司更喜欢到主板挂牌交易,不愿意去场外交易市场。场外交易市场其实是一种非公开司转变为挂牌交易公司的过渡模式。它的市场交易活跃度比主板市场差很多,由此市场给出的溢价率不会很高,所以有人称之为"准备板"。

有的公司可能一辈子都待在场外交易市场,有的公司却可能在"准备"一阵子后,乌鸡变凤凰,一下子就跳到了主板市场,这些情况皆有可能。所以,场外交易市场更像是一个很庞大的蓄水池,起到了一个提前遴选的工作。以前证监会的审核部门——发审委压力很大,每年上报那么多上市公司材料需要审核,工作量巨大。将来,这些公司可能会先在场外交易市场交易一段时间,然后再到主板市场来申请时,已经经过了至少相对公开和严格的审核。有没有问题、业绩是否稳定、上市公司的实际控制是否可靠,这些疑问都已经通过场外交易市场解决掉了,所以这是一个很大的突破。

当然,对于中国新三板来说,它还是一个狭义的概念,更多的是源于之前的科技公司,以中关村科技园为主体,再加上上海张江高科等一些科技园,所以新三板目前的定位还是一个科技股的孵化市场。

但从长期来看,新三板会成为中国场外交易市场的一个样本。更多的上市公司、拟上市公司以及还没有上市的公司,应该考虑先在新三板市场进行过渡。

但是有一点需要指出的是,我们可以预期,到新三板真正开始交易后,会有更多的投资机构——所谓的私募股权基金、阳光私募等会游说客户投资新三板市场中正在交易的公司,而且声称这些公司收益特别高,将来一两年之后可能会转板到主板市场,能赚大钱。

相信未来有很多投资者会收到类似的投资报告会邀请函,但此处的投资价值值得打一个问号,因为新三板中到底什么样的公司能够转到主板当中来,主板又该如何去接纳这些公司,这中间的过渡至今还没有一个案例。所以这种投资报告会大可以去听听看,该拿纪念品就拿纪念品,但真正要投资的时候就要谨慎了。

回归本源

据说,在2013年3月底的北京金融街上,证监会周边的酒店和打印店生意异常火爆。这是因为IPO的财务报告自查阶段进入了倒计时,证监会除了在工作日受理各个机构递交的报告之外,在3月30号、31号两天还要全天加班来接收报告。800多家企业都赶在最后一周集中进京递送材料,打印店也是昼夜开工满负荷运转。企业对IPO的激情想必让上任不久的肖主席倍感压力。

细数近三任证监会主席,最早的一届主席是尚福林。尚福林在任的时候,对中国证券市场作出了很大的贡献。虽然他在转换职务的时候,整个市场指数并不高,但是毕竟A股市场的历史最高点位——6100点是在尚主席任期当中出现的。

更为重要的是,他在任期当中把股权分置的问题给解决掉了。在以前,只要一提到股权分置,一提到国有股、法人股要上市,市场就会像今天提到 IPO 要开闸一样,完全是惊弓之鸟,一下子就暴跌了。那时候的暴跌比现在还要可怕,因为虽然当时市值比现在要小,但是会整体一齐暴跌,投资者比现在还要恐慌。

尚福林主席把这个股权分置的问题给解决掉了,所以到了郭树清主席上任的时候,资本市场大的框架问题、系统性风险已经不存在了,而是转变成框架搭成之后怎么去往里面填东西,将它完善好、优化好的问题。

郭树清主席在任内特别提到中国证券市场的几个要害,比如说引进长线资本入市的问题。养老金和公积金入市是他提及得比较多的,还有一个就是市场价值理念要重塑的问题。这两个方面也是他在施政期间的核心工作:一个是引入长线资金,希望养老金和公积金能够入市;另一个是不断地强调市场的价值被低估了,蓝筹股有投资价值等等,希望大家纠正投资理念,不要把中国股市当作投机市场,而要以长期的投资理念来看待它。

这两方面工作,郭树清其实一直在做,但他整个任期时间实际上是要短于公众预期的,所以郭树清主席所关注的领域需要由下一任——也就是现任的证监会主席肖刚去完成。

恰恰因为如此,我们才以 IPO 作为探讨的开场白。对于肖刚主席来说,首先要面对的就是 IPO 的问题,这个问题是早晚要解决的,而且投资者不应该对 IPO 过度惊慌,不要觉得 IPO 来了股市就要暴跌，这是两个概念。历史经验也证明了之前的 7 次 IPO 重启中，其中有 4 次股市是上涨的，所以，投资者一定要以一个相对积极的心态来看待 IPO 的重启。

关于投资市场的发展，什么时候我们这个"圈钱式"的、一提到融资大家就色变的市场能变成一个真正具有投资价值的市场呢？假如肖刚主席能够连续两届担任证监会主席，在任期间努力解决掉市场由圈钱式变为投资式的问题，将是功莫大焉，善莫大焉。

所以，对于证监会主席而言，资本市场的体制框架已经成型，未来的看点是要解决宏观与微观不一致的问题，即宏观经济向好，但是上市公司的业绩却无法提升的问题；宏观经济向好，但是整个股指不涨的问题。其核心恰恰就在于资金入市和投资理念的重塑。

第三篇
探索真相，剖析行业热点

苹果难啃　专利大战　科技瓶颈　日企困境　十年新低

乱世血拼　电商大战　价格噱头　光棍疯狂　电商对赌

在节难逃　暴利面孔　茅台之谜

国酒之争　信誉透支　塑化风波　保价流产　行业拐点

武钢养猪　石油亏损　光伏困局　家电黑榜　电信格局

央企红利

第七章

iPhone 不仅仅是一部手机

苹果难啃

2012 年 9 月，iPhone 5 正式上市了。然而，iPhone 5 除了更大、更轻、更薄、支持 4G 之外，亮点寥寥。更重要的是它的 SIM 卡与我国普通 SIM 卡差别很大，叫作 nano 型。在 iPhone 5 正式开始发售时，国内的三家运营商都没有这种 SIM 卡，可见苹果公司根本就不重视中国内地市场。有人说，iPhone 如果按照这样设计下去，就会越做越长了：库克拿着 iPhone 4、iPhone 5、iPhone 6、iPhone 7，到了 iPhone 7，基本就和砖头差不多了。

iPhone 5 出来之后,很多人说,美国与其玩 QE3,还不如继续玩 iPhone 5、iPhone 6、iPhone 7……iPhone 10。他们做了一个估算:苹果的 iPhone 5 在美国市场预计会售出 800 万部,而每卖出一部 iPhone 5,美国的 GDP 会增加 400 美元。苹果此次新品销售,对给美国第四季度国内生产总值的贡献是 32 亿美元,相较往年,对 GDP 的增长率有 0.33%～0.5% 的提升。所以有人说,iPhone 确实对美国经济有很大的帮助和带动作用。一家公司就能够改变宏观经济,的确很厉害。

而回到苹果公司自身,iPhone 的成功案例告诉我们,消费需求实际上是可以被创造的。很多企业都认为要充分满足消费者的需求,让消费者的福祉最大化,但它们有没有想过,消费者需求是可以被创造的呢?市场其实永远都存在一片尚未开发的蓝海。就像以前大家习惯了物理键盘,面对没有物理键盘、纯触摸屏的键盘,开始时很多人不适应也不看好,觉得这事怎么可能呢?结果,触摸屏渐渐成为主流。然后,iPhone 手机又把很多软件植入进来,加入了很多人性化的服务,这些功能的作用的确很强大,消费者的需求就被刺激和引导出来了,这就是苹果公司给我们的最大启示。

这种模式应该引起我们的关注。中国有大量的钢铁企业、家具企业、制造业企业目前经营都很困难,消费者的需求能不能被创造和改变呢?这才是我们需要思考的问题。

在 iPhone 5 正式发布前,我们询问了很多业内人士,当时他们也都在猜测 iPhone 5 会有什么新变化。有些人开玩笑说,最大的变化可能是手机电池的待机时间会延长。手机最早就是为了打电话,因此待机时间要长,之前已经有某些手机可以待机一个星期甚至更久。现在苹果公司解决了技术创新、时尚感和消费者体验的问题,但并没有解决电池待机时间短的问题。

iPhone 5 并没有带来颠覆性的体验变化,对于 IT 行业而言这无疑是个负面消息,意味着这个行业的发展或许到了一个瓶颈期。

从很多网友对智能手机的评判也不难看出,大家对 iPhone 5 的评价也并不是很高,认为 iPhone 5 的历史性变革、创新确实很少。所以,斯人已逝,苹果的灵魂人物乔帮主离去之后,希望库克这样一位继承人能够改变市场、革新产品恐怕很难。

在智能手机市场中,三星和苹果垄断了智能高端手机 50%～60% 的份额。以中国为例,iPhone 已经很普及了。所以,将来的需求是一个换代的需求,这就要说服那些持有 iPhone 4 或者 iPhone 4S 的用户,有什么理由能让他们去换 iPhone 5 呢?如果这个理由不够充分,除非是铁杆的苹果粉丝、狂热的手机发烧友,否则很难再激发大量的市场需求。

着眼到 A 股市场当中来,所谓的苹果公司的概念股也有很多,但大多数都是见光死、一盘乱。A 股市场的很多上市公司的业务和苹果公司并无太多关系。美国的智能手机市场虽然正处于一个瓶颈期,但至少美国的电子信息市场仍然是一个发展比较快速的领域,仍然是有潜力的,而且是已经处于收获期的潜力增长市场,其宏观影响力甚至超过了 QE3。对 A 股市场来说,这种所谓"苹果难啃"的状况依然存在,我们却连最起码的苹果都没有,甚至连啃了一口的烂苹果都没有。

专利大战

在 2012 年,有一桩很热门的事件,就是苹果和三星之间的专利大战,结果三星被苹果斩于马下。根据美国相关法院的裁定,三星被判罚 10 亿多美元的赔偿款,原因是在苹果诉三星专利侵权案中,三星败诉了。对比大家都很熟悉的苹果产品和三星的产品,从外观上来看,确实是有很多相似之处,但从某种意义上来讲,这种相似又并非核心因素。从普通消费者的角度来看,美国法院的判决实际上夹杂着许多地方利益和公司利益的诉求。

　　将两个品牌的手机放在一起,外观的确非常形似,但苹果公司诉三星外观侵权,仅仅是因为四角上圆弧形的设计,认为三星抄袭了自己。但法院为什么支持这项控诉呢?因为参与判决的美国法院离硅谷很近,陪审团中除了硅谷的专业人员之外,就是苹果公司的员工,由这些人做陪审团,在心理上是和乔布斯在同一阵线的,所以如果说苹果会输,简直是天方夜谭。

　　与之相对应的是,韩国公司对于这个诉讼给出的判决是各打五十大板,苹果要赔三星 35000 美元,三星则要理赔 22000 美元。所以,这个案子最终的结果,实际上是在一种经济利益诉求的背景下,专利之间的纠纷其实只局限于外观设计,与我们消费者的智能手机体验没有很大关系,这不是一种技术上的突破。

　　现在,我们看到苹果公司越来越多地以打官司的形式来遏制市场竞争,例如苹果之前和 HTC 也打过类似的官司,被苹果告过的公司还有诺基亚、摩托罗拉等。苹果公司先后把这些公司告到了法院,一旦在法庭输了官司,这些公司就会被遏制。从某种意义上来讲,这让人觉得苹果公司是不是廉颇老矣,只能靠打击竞争对手来赢得市场了呢?这多少有点让人感到遗憾。

　　我们知道,10 亿美元的罚金对于三星的影响并不是非常大,三星 2010 年的营业额达到了 1389 亿美元,所以 10 亿美元未必能扳倒三星。提到专利,当年中国企业也是为专利犯愁,还记得中国的 VCD 和 DVD 企业吗?它们为专利权交了不少钱。事到如今,智能手机又开始出现专利权纠纷,但其中却连中国公司的影子也没有，这是多么令人悲伤的一件事啊！

科技瓶颈

2012年10月19日，美国两大互联网公司微软和谷歌先后披露了财报，两大公司的业绩都出现了一些下滑迹象。

截至2012年9月30日的季报数据显示，微软的业绩同比下滑了22％，谷歌则下滑了20％。从具体产品上来讲，微软已经发布了最新的Win 8操作系统，谷歌也发布了最新款的平板电脑，但市场并不买账。

科技行业无疑正遭遇一种困惑，包括美国纳斯达克指数，也因为这些消息受到了一些负面影响。科技行业创新压力非常大，从事这个行业的人往往都是非常辛苦的。那些头发很长、满脸青春痘的年轻人往往就是科技男的典型外貌。科技产业的创新压力极大，无法带来惊喜的公司只能逐渐没落，除了我们刚才提到的微软。微软在PC＋英特尔＋Windows这样一个系统当中非常牛，但IBM已经不做PC了，英特尔的硬件优势如今也已经很少有人再提及，当年英特尔跟AMD公司的PK，现在谁还会去关注呢？目前只剩下微软一个操作系统，在PC系统当中的确很牛，但是到了新的手机系统领域就默默无闻了。同样的，iPhone 5的推出也让我们看到，现在的手机行业，至少在当前这一个阶段，惊喜已经不多了。

　　惊喜很重要。现在 iPhone 系列给我们的感觉就是越来越长，三星系列手机给我们的感觉就是越来越大，一个可以当剑，一个可以当盾牌，仅此而已。回想当初，最早的手机从黑白屏变成彩屏，令人惊喜；铃声从普通单弦变成和弦，哇，又是个惊喜；从直板手机变成翻盖手机，又惊喜一下……然而，现在的消费者越来越难以满足了。对于 iPhone 的诞生，很多人都曾经惊叹过：这么酷的一款手机！但是从 iPhone 3、iPhone 4、iPhone 4S，再到 iPhone 5，发出惊叫的人越来越少，这就是科技行业发展已经遇到瓶颈的典型特征。

对于这样一种行业,将来还有没有更大的机会?乔布斯先生仙逝之后,库克能不能再带领智能手机公司继续引领潮流呢?这个行业的变化正在显现,也许群雄逐鹿的机会正在出现,比如说小米,比如说360,再比如说各式各样的国产手机,以雷军"雷"布斯先生为代表的国产手机大佬们,他们有没有可能引领整个行业的变化呢?这是一项极为艰巨的任务。科技行业压力的确很大,各公司都希望最大限度地挖掘员工的创新智慧,能够给消费者带来惊喜。否则,市场就只会用脚投票。

日企困境

2012年年底,传出了一个比较令人诧异的消息:世界液晶之父夏普公司,在过了百岁生日之后有可能面临亏损和破产的问题。所以,它开始向日本政府请求相关援助。

我们或许会感到奇怪,这么大的一个企业,平板电视行业首屈一指的企业,为什么会遭遇如此困境呢?实际上不只是夏普,日本的其他知名企业,包括索尼和松下,都处于经营困境当中。在2011年,这三大巨头——索尼、夏普和松下,分别亏损56亿美元、47亿美元和96.4亿美元,都遇到了瓶颈。为什么?

仔细琢磨,其原因就是,当整个电子市场或者3C市场的消费者需求发生变化的时候,日本企业却没能适应这个变化。电视是个很典型的产品，从最早的 CRT、背投、等离子、液晶，再到今天的LED，日本企业一直在引领潮流。每一次技术升级换代，它们都能够走在前面，并不断地攫取高额利润，把中国企业打得落花流水，与韩国企业基本上平起平坐。但现在它们的问题是什么呢？

在液晶和 LED 之后，人们对屏幕清晰度的诉求就不是那么高了。在这一背景下，若再过度关注硬件创新的话，就会给企业带来压力。问题就在这里。这些企业没有顺应市场或者 3C 消费者体验需求的变化，依然继续去研发硬件，希望屏幕更加清晰明亮一点，或者更加立体一点、3D 一点。

消费者需要这种创新吗？不太需要。现在真正电子市场卖得最好的、利润最高的其实是手机这个行业。回顾一下刚才我们提到的这三家企业——夏普、索尼和松下，它们其实早先都做过手机，但是现大多数销量很差。现在引领潮流的智能手机行业中，苹果和三星最关注消费者体验，知道用户需要什么，而不是单方面给予。在用户需要更多的服务和体验的情况下，三大巨头就被甩在后面了。

这些案例让我们想到中国最早的电视行业，发展初期行业竞争还不是很激烈，曾经出现过这样一则广告：某人家里有一台电视，然后有人从四层楼上把它扔下去，镜头转到楼下，打开电视后照样有画面——呦，硬件真棒，绝对结实。但是想想看，谁会把电视从四层楼上扔下去呢？这种对硬件的推崇并不符合消费者的需求。

对硬件的过度崇拜导致企业在技术研发投资方向上形成了误

区。消费需求是在不断变化的,企业只能顺应需求而无法永远引导需求。之所以提"永远"二字,是针对苹果而言的。苹果之前是引导了消费,从之前的 iPhone 到 iPad 都在引领人们去跟上苹果的脚步。但是当 iPad 4、iPad mini 面市的时候,我们慢慢发现,它也开始无力引导消费了,更多的也是在玩硬件升级。电子行业竞争非常激烈,每一个企业都会遇到瓶颈。今天是老大,明天可能就会破产关门了。

十年新低

在苹果公司发布的 2013 年第一季度的财报中,尽管数据显示苹果创下了营收和 iPhone、iPad 两个产品销售的新纪录,但是其股价在随后的交易中还是暴跌了将近 11%。

财报显示,当季苹果营收超过 545 亿美元,同比增长了17.7%,净利润超过 130 亿美元,同比增长 0.1%。而自从 2003 年以来,苹果的季度利润增幅几乎都是超过 10% 的。这也是 10 年来苹果的利润增长数字首次接近于 0,难道苹果利润疯涨的时代已经终结了吗?

苹果的股价在历史上最高大概达到 705.07 美元,现在的股价基本上维持在 450 美元左右。中间虽然有过反弹,但是整体价格走势是暴跌的——将近跌去了 1/3 左右。

　　这是一个消费品市场。有一个观点值得注意，就是身处消费品领域的企业千万不要高估自己的市场影响力。消费品市场的消费者从来都是善变的，喜欢新鲜事物，看见好的产品马上就会去换，对电子产品尤其如此，更新换代速度之快远超过我们的想象。

　　想想最早的手机——摩托罗拉、诺基亚这些品牌当时有多少粉丝！现在的苹果也有许多忠实的果粉。然而，果粉也都是泡沫。哪天苹果的产品不时尚了，或者 iPhone 质量堪忧，他们立即就会去尝试别的产品，比如三星。以前好多人觉得三星太大很难看，现在反而愿意去尝试一下三星的产品，因为它和苹果完全不一样，而且被认为很酷。

　　事实也确实如此，从截至 2013 年 1 月的数据来看，三星的智能手机市场占有率达到了 23.8%，已经超过了苹果，坐上了智能手机排名第一的位置。

　　对于市场来说，从来没有消费者是稳定的、忠诚的，企业一旦有点忽视消费者的倾向，消费者只会以更快的速度把企业抛弃。

　　苹果公司的发展逻辑是比较特别的，最早苹果的产品是很窄众的，也很独立，操作系统与别人都不兼容，连一些基本的外延接口都没有，就在一个小众的市场中自娱自乐。实际上这种小众市场是很多的，比如说有人愿意做艺术品投资，有人就喜欢收藏——甚至还有人喜欢收藏骷髅头做的东西。所以，特别小众的市场是客观存在的。但是，当产品从小众市场做到大众化市场之后，企业文化就将遭到挑战。苹果的企业文化准备好了接受冲击了吗？它有没有思考过,大众期望的苹果产品或者大众手机市场是怎样一种概念?

如果这些问题没有解决,单纯依靠所谓"乔帮主"的光环,并且当这种光环正在逐渐淡去的时候,苹果还能不能维系市场呢?恐怕非常困难。

消费者很快会发现,苹果产品的发展趋势就是变得越来越长、越来越大,却没有太多新颖的亮点。

以前,每一代苹果手机面市之前,大家都在猜测到底有什么新的变化,出来之后一对比,都会发现有很多超出我们想象的地方。但是现在呢?几乎每一款苹果手机面市之前,大家都已经猜得八九不离十了,这样能给消费者带来惊喜吗?

除此之外,苹果公司的战略越来越复杂,越来越自相矛盾。最典型的就是关于 iPad 系列产品。苹果公司在短短半年的时间当中连续推出了三款 iPad 产品,包括 The New iPad、iPad 4 及 iPad mini。这不是自己和自己竞争吗?而苹果手机现在也要推出所谓的"乞丐版",实在是不知所云。如果连公司的战略都已经不清晰,那它究竟是在做窄众还是做悬疑,是要大众化还是要靠自己产品的分类来竞争?如果公司连这些战略问题都没有想清楚的话,市场怎么可能为其买单呢?

可以预见的是,越来越多的果粉,当年以自己是果粉而骄傲,现在他们或许已经骄傲不起来了。

市场的变化正在不断显现,神秘的苹果正在变得越来越不神秘了。

第八章

电商大战,笑到最后才算赢

乱世血拼

2012 年 8 月,电商的价格大战成为了人们关注的焦点中的焦点。

苏宁易购的副总裁李斌公开宣称,对于不理性的低价,苏宁一定奉陪到底。对于苏宁的咄咄逼人,京东的 CEO 刘强东沉默了整整 14 天,在苏宁迎来店庆之际,突然打破沉默,字字坚决地发表微博对苏宁发起了挑战。他声称,京东所有的大家电零毛利,京东所售的家电保证比苏宁、国美的价格至少便宜 10％以上。

面对突袭,苏宁随后也迅速作出回应:"苏宁易购包括家电在内的所有商品价格必然低于京东。任何网友发现苏宁易购的价格高于京东,我们都会及时调价,并且对于已经购买的反馈者给予两倍差价的赔偿。"

与此同时,刘强东又火上浇油,他发微博说:"从今天上午九点开始,京东商城所有的大家电价格都比苏宁线上线下便宜,并且是无底线的便宜。如果苏宁敢卖一块钱,那京东的价格一定是不要钱。"

战斗一开始,当当、国美、易讯都不同程度地参与了这场"战争"。至此,除了天猫和亚马逊以外,国内的一线电商全部加入了价格大战。

很多人不理解电商为什么要这么做,觉得这场大战也太过激烈了。首先,这场混战彰显了中国电商的乱世,而在这个乱世之中以命相搏,最终的目的都是一统江湖。所谓的"赢者通吃",即谁能笑到最后,谁就一定能成为市场的占有者,同时可能也是行业规则的制定者。

在这次大战中,烧的都是钱。以苏宁、京东为例,苏宁为了获得更多的资金支持,在刚刚进行完 55 亿元的增发之后,发债融资规模达到了 80 亿元;而京东则通过共计三轮,合计 15.3 亿美元的融资额,保证了它的粮草充足。8 月 14 日,刘强东发了一条很有意思的微博,说京东的几大股东,包括今日资本、雄牛资本、红杉、老虎基金、DST 等都表示了对价格战的支持。据说,有股东还称自己除了有钱什么都没有，让他放心"打仗"。但其实投资方并不傻，今天烧钱一定是为了明天能挣钱。

还有消息称，目前京东商城的大家电品类占总销售额的比例不到3％，以京东2012年400亿元的销售目标来看，大家电的销售额就是12亿元，如果完全实行零毛利率，仅算家电售后服务约占10％，就要亏损1.2亿元以上。再算上采购等对资金流的占用，如果能够打赢这场战争，足以说明京东还是有一定的现金流储备的。而这种电商的零售业，只要有现金流就没有问题，京东就有机会获得融资，继续扩大规模。投资者期待的是胜利之后更为丰厚的回报，比如说行业的霸主地位、上市融资等。但不管怎样，很显然，无论是挑战者、应战者还是参战者，无论是传统的线下经销商亦或是新锐电商,都已经把线上销售看作是一定不能放弃的阵地。

与此同时,还有一条消息说,世界上最大的线下家电零售商——百思买的创始人理查德·舒尔茨(Richard Schulze)决定将公司私有化,并考虑退市。由于受到沃尔玛、亚马逊等劲敌的竞争,百思买近年来的销售额一直在下降。很多人把百思买当作一个陈列场,在其中进行实物体验之后再去网店或者通过其他途径去购买商品。舒尔茨说,把公司私有化可以减小每季度公示财报的压力,尝试更多的创新机会。但是值得感叹的是,百思买的私有化市值只有 80 亿美元。而美国电商老大亚马逊的市值早已过了千亿美元。这样来看,即使是行业大佬也难以承受电子商务的冲击,线上销售模式已经是大势所趋。

电商大战

苏宁易购和京东商城的价格战看似打得很激烈,但它们真的是在死磕吗?很多消费者都守在电脑前,把自己想买的电器都列好清单,就等着网上促销,结果只得到两个字——忽悠。从相关的统计数据来看,这两个公司相互掐架搞出来的所谓价格战实际上是一场闹剧。该统计数据涵盖了全网 B2C 的电商,监测了大概 12 万件商品。这其中,大约只有 5000 多种商品的价格出现了下调。一些网友盯着某些具体商品的价格,发现里面有猫腻,很多商品是先涨价再降价，彻底是一场忽悠。

其实，所谓的"电商大战"只不过是一场闹剧而已。这里面的逻辑并不复杂，很多人觉得电商时代到来了，实体店的历史已经结束了，将来中国就是电商企业的天下，因此它们必然会用价格战的形式来切入产业变革和革新。不可否认，电商企业有自身的特色，但其中也不乏"炒作"之意。

网络时代最大的特征就是眼球经济，吸引大规模的流量来关注某个网站，有流量就有产出、有效益。刘强东发一条微博就有上百万的粉丝转发或者上千条回复，这就是网络经济带来的市场效益，这就是电子商务时代的重要特征。

网络时代的第二大特征也非常明显，即他们这种炒作不可能背离基本的商业规则。商业规则分为两块，第一块是允许商家炒作，可以搞价格战，但他们的亏损只能是一时的，不可能是永远的，不可能逃脱基本的商业逻辑。京东为什么要玩一个大规模的价格战呢？因为它销售的大家电所占比重不是很大，最多也就亏一个多亿，对京东而言这个亏损数字是可以承受的，但它不可能长期地、全面地去进行价格战。第二块很简单，价格战是有限度的，这个限度表现在不可能导致全行业彻底亏损，不可能把全行业以及上下游毁掉。

价格战有两个典型的反面案例。第一个是当年非常强大的四川长虹垄断了显像管的生产，以此打压同类竞争者。结果在经历了恶性价格战之后，虽然全中国的消费者都买得起彩电了，但是中国的彩电行业也彻底崩盘了。在一次恶意的价格战之后,导致的结果就是中国的传统彩电(CRT 彩电)没有更多的利润积累,无法进行技术创新,而日韩企业由于无法打败中国的 CRT 彩电,就转而制造等离子和液晶彩电。当时中国电视企业在技术上是有机会去做液晶屏幕的研发的,只是它们都缺乏足够的利润,无法进行研发投入。这就是恶性价格战毁了整个行业的一大案例。

接下来,我们再提恶性价格战的第二个案例。很多人认为价格战对于中国消费者来说是好事,但今天是好事,明天可能就会变成坏事。典型案例就是格兰仕微波炉。当年微波炉刚刚兴起,国外的产品卖得很贵,于是格兰仕进入了这个行业。当时买一个格兰仕微波炉还赠送一堆碗,可以把各种各样的赠品带回家,价格特别便宜。但是当号称价格屠夫的格兰仕获得了微波炉市场的主导权、树立了霸权地位之后就立即改变了策略。它们现在做的是垄断市场,获得市场优势地位后就把价格提上来了。格兰仕不再以低价、促销等手段来营销,更多的是打概念牌,推出光波等一系列难懂的概念。微波炉的作用其实就是加热和烧烤那么简单,其他概念都只是提高价格的噱头而已,这就是价格战的后果。消费者似乎在短期内赚到了便宜,但长期来看,利益实质上是受损的。

所谓的电商大战,其实是电商企业借助新媒体进行营销推广的一次试验。试验的结果很成功,通过微博这一新媒体,电商企业的市场关注度、流量、知名度和行业地位都有了大幅度提升。而背后呢,不管是家电销售企业、家电制造企业,还是最终的消费者,都只是这场大战的看客、舞台上永远的背景和配角,商业逻辑永远不会随着产业结构的变化而改变。规律性的东西是变不了的,改变的只不过是炒作模式和营销推广手段而已。

价格噱头

当苏宁和京东的价格大战终于偃旗息鼓之时,刘强东先生发了一个微博说:"我当初发动价格战时,没想过苏宁真的会应战。"

事后回头再看,电商企业当初围绕大家电展开的价格战就是借助新媒体平台进行的一次行业大规模炒作。绝大部分商品的价格没并有出现大幅度下降,而且许多商品的价格都很难直接进行比较,因为各电商销售的家电的具体型号大多并不重叠。

价格大战刚刚落幕,围绕大闸蟹又曝出了一个新闻,于是我们不得不继续谈一谈"价格噱头"这个问题。大闸蟹的网络销售又出现了两派竞争。一派是老主角——京东,他们联合了苏州阳澄湖大闸蟹协会,打着金字招牌;另外一派是淘宝网,也就是这次引发争议的关键。淘宝网上大闸蟹的销售,六只装仅售 139 元,四两公蟹四只加上三两母蟹四只,仅售 259 元。很多阳澄湖当地人都认为这个价格太便宜了,即使到阳澄湖边来买大闸蟹,也不可能是这个价钱。所以,新一轮的价格战开始从大家电向大闸蟹迈进。那两者有什么不一样吗? 实际上没有任何改变。

电商业态的振兴或创意是不会改变市场发展的基本逻辑的。如果说市场竞争要继续存在,就必须遵循一定的规则。企业可以主动去亏钱,可以承受一段时间或者一部分商品亏钱,但不可能忍受所有商品都永久性亏损,这是一个无法颠覆的真理。所以对于这次大闸蟹促销,很多人都在反思,消费者和媒体也纷纷提出质疑,这其实是非常正常的现象。因此,如果大闸蟹的促销价明显低于市场价格,或许就意味着这些大闸蟹根本不是正宗的阳澄湖大闸蟹,也许是太湖的螃蟹,也许是从崇明运过去的螃蟹。

所以,当你看到实体店中或者电商平台的商品售价明显低于基本的市场价格时,就应该想到这样一系列问题:第一,这是不是一个单独的、偶发性的价格促销呢?如果是的话,那还有可能。第二,企业有没有可能在一些特殊情况下容忍部分商品的亏损呢?如果是的话,那也是合理的。除此之外,明显的价格过低,都是有疑问的。

要知道,价格战是所有企业都不可能长期承受的。在商家炒作的时候,我们必须有一双慧眼,将其中缘由看得明明白白。

光棍疯狂

在 2012 年的 11 月 10 日晚上,很多人都没有睡觉,都在刷"11·11"光棍节的大团购、大促销。淘宝这次太牛了,即使是在有心理准备的情况下，最终的销售数据还是令人震惊。

光棍节的促销，整个支付宝的总销售额达到 191 亿元，其中天猫达到 132 亿元，淘宝达到 59 亿元。接近 200 亿元的这样一个销售额真的是太让人震惊了，对于产业来说，销售模式的替代是革命性的，就像智能手机对于传统手机来说是一种模式替代一样。电商的销售模式对于消费者生活的影响越来越大，以至于它改变了我们传统节假日的概念。

一般来说，线下的商场主要是围绕像五一、国庆、春节等这样的传统节日来做促销的。而淘宝所发起的这个"光棍节"，愣是能把一个不是节日的日子打造成一个购物狂欢节，成为网络商家的一场盛宴。

这就是模式的胜出，更为重要的是从中我们会发现，电子商务产业模式、商业模式越来越成熟和强大。必须得佩服马云，阿里巴巴、淘宝和天猫只是提供一个交易平台，不做直接的采购和销售，然后就能坐等收钱。据说天猫上的交易大概要收 3％～5％ 的佣金费用，而按 3％、132 亿元的交易额来算，阿里巴巴从中得到的收益的就是 4 亿元。一天赚 4 个亿，而且不干什么活，只是做做电脑系统的技术维护，仅此而已。

这就是模式和公司形态的一种变化。变化之一是对比于此，当年的苏宁、京东、国美，都是自己去采购货品，然后自己忍痛割爱、流血打折，与阿里巴巴完全不在一个重量级。所以行业之间的差别会越来越大，行业中的龙头企业会越来越牛。

另一个变化就是,电商模式的变革已经确立了。阿里巴巴这一类电商公司傲立潮头,但同时,监管也应该及时跟进,让竞争更加公平。很多人发现,此次促销仍然有一些比较灰色的地带,比如说也会出现商品价格先升后降的问题。再比如说登陆难的问题,其实缺少公平的评判;有些公司专门做售价比较的,但很多的调查显示,这些价格比较也不公正,消费者很难真正找到价格很低的东西。

所以,发改委对于苏宁、国美、京东相关的价格欺诈查处其实非常合理且应当,在我们看到电子商务所带来的价格狂欢的同时,也希望这种价格监管能够及时跟进,让那些虚假的价格宣传、坑害消费者的虚假宣传能够消失。当然,对于物流能不能跟上等后续的问题,考验才刚刚开始。

🔍 电商对赌

众所周知,有两位大佬为电商行业的发展对赌了 1 个亿,其中一个是万达集团董事长王健林,另一个是阿里巴巴的马云。他们一个代表着传统的商业模式,一个代表着新兴的商业模式。

王健林说,两千多年的历史证明,中国传统产业的生命力是最强的,不管怎么玩电子商务,洗个澡、捏个脚、修个耳朵什么的,电子商务都提供不了。所以他说,电商在 2020 年的时候如果能够占到中国整个零售市场份额的 50%,他就给马云 1 个亿。

赌博本身不值得提倡,网上动不动就约个架或者约个赌什么的,也没有意义。2020年的时候,这两位对赌之人还不知身处什么角色,赌局不过是体现了某种观点。但是,对于电子商务行业,或者对于电商消费模式来说,现在反思正当其时。

电商改变了市场的消费习惯,11月11日,本来只是单身青年的悲催节日,现在,它却变成了一个旺盛的消费节日,靠的就是电商,这就说明电商已有能力改变消费者的习惯。

但是商业逻辑和规律是改变不了的,其主要包含三个要素——价格、服务、信用。

价格为王,电商大战为什么能够打得起来呢?靠的就是价格战,便宜是王道,11月11日那天很多东西确实很便宜。

但是价格战不能长期持续,所以到了12月12日这个日子再来促销的时候消费者就会发现,价格没有11月11日光棍节的时候便宜,于是消费者就不买账了。消费者的贪欲永远是逐步加强的,会越来越贪心。

服务呢?大量、集中的低价销售导致服务质量打折,据说很多人买东西很久之后货还没有收到。而在网络付款方面,也存在网页打不开或排队等待等问题。服务的体验很差,这是对电商的第二个挑战。

第三个挑战就是信用问题。我们来看一个数据,电商的巨头——天猫的销售量是很大的。但是分析天猫上三个较大型的商家——杰克·琼斯(Jack & Jones)、骆驼户外和全友家居,最新数据统计表明，它们的退款率分别达到了 9.43％、19.57％ 和 35.97％。有人就怀疑，当初宣称的大量销售额之中是否存在造假的因素？这样的质疑将导致信誉度打折扣。

"电商颠覆行业是不可能的，改变行业是有可能的。"我们在看待行业的演进过程中，应保持更加客观而中立的角度和立场。

在"节"难逃

在 2012 年圣诞节所带来的消费旺季中，我们发现这次圣诞节消费市场和以前有些不同。2012 年最大的看点，用两个字来概括就是"电商"，如果用三个字的话那就是"价格战"，五个字的话就是"电商价格战"，这就是 2012 年整体消费市场的看点。

从之前的"8·15 电商大战"到"11·11 电商大战"，再到"12·25 圣诞节"消费市场大战，我们会发现，电商在圣诞节并没有什么大动作。很多人希望能够在电商市场得到一些促销活动的信息，结果发现并没有什么特别针对圣诞假期的促销。

与此同时，还有一条消息就是关于"备案制"。最近，北京市工商局、北京市商务委和北京电商协会召集了 44 家电商网站，规定了以后要想打电商价格战做促销，必须提前备案。

这两条消息放在一起，我们就会发现，整个电商市场现在有一个明显的改变。电商通过 2012 年的"电商价格战"，用这五个字给自己贴了一个标签——便宜。而这个标签实际上也是一把双刃剑，电商在给自己贴上这一标签以后，也就等于自我封杀了升级革新之路。于是当圣诞节来临时，很多人还期望着能在电商市场买到便宜货，关键就是这两个字——便宜，只有便宜才能够留住消费者。

而实际上，传统节日的市场销售其实是以线下商场体验为主的。过年过节时，小两口或者恋人一块儿去逛逛商场或者看看电影、吃吃饭，它带来的是一种体验式的销售，不太注重所谓价格的变化，所以电商对比传统零售模式而言，现在有点画地为牢的尴尬，当电商人为地制造出"11·11"、"12·12"这些节日来扩大自己的销售渠道时，也遇到了一个瓶颈：不打价格战就没有人关注。

传统商家依然是以传统节假日作为自己的主攻方向，所以电商的蛋糕虽然越做越大，但是双方之间的不可替代性是非常明显的，这一点从圣诞假期电商的冷清以及北京的备案制度都可以看出来。

"价格战"已经被监管部门关注了，再玩假价格战的话，监管的大锤就要砸下来了。如此一来，电商未来面临的考验无疑会更加严峻。

第九章
白酒的胜利,你永远学不会

暴利面孔

我们认为很有必要和大家讨论一些不断获取暴利的行业,但日常生活中许多所谓的暴利行业并不在此讨论范围内。例如,眼镜行业是暴利行业,但它呈现出一种竞争格局,因而不是我们讨论的主体。我们所认为的暴利行业有一个共同特征,即拥有一个非常强大的市场地位,比如茅台,看似给了股民很高的回报——根据2011年年报,茅台给股民派发现金红利,每10股派发了接近40块钱,被称为"红利王"——但从派发的格局、分红派现的派息率来看,实际上比整个市场的存款利率还要低。茅台在享受到暴利时看似给了投资者丰厚的回报,实际上回报远远低于它得到的暴利。

前几年,房地产市场一片大好,利润高得羞于启齿;后来,银行业也开始风生水起,利润也是高得羞于启齿;高速公路的利润水平也居高不下,只要开车经过就必须交钱,而且这种特许经营模式使得高速公路上市公司高收益、高负债,还成为了地方政府的融资窗口和撬动地方建设的融资杠杆,这样的格局同样会成为暴利的来源。

但其中最为典型的一大暴利行业就是白酒行业。根据测算，一些高端白酒品牌——例如茅台、五粮液，已经具有了强大的品牌溢价能力。赤水河的水基本上是不要钱的，高粱米的成本也很低廉，因此生产一瓶茅台的成本其实是微乎其微的。

暴利行业存在往往基于其在市场中的极度强势地位，这种强势地位形成的原因究竟是市场竞争产生的，还是企业自身的能力，抑或是先天的市场优势呢？这些问题才应该引发我们的认真思考。

茅台之谜

2012 年年中，上证股指只有 2300 点，但有的股票价格却早已经超过 6100 点时的水平了。这其中，茅台的表现十分抢眼。

贵州茅台创下了 266.08 元的历史最高价，上市 10 年以来股价累计上涨了 40 多倍。有很多人在研究这个公司，认为它的股价已经创造了历史新高，股价很难再继续上扬；有人认为茅台是一个垄断资源，很难复制，所以还能涨。

茅台公司的业绩增长的确很快，但说它是垄断资源，并不客观。白酒行业中除了我们比较熟悉的茅台之外，还有之前的赖茅公司、天士力旗下的国台酒业；但它们都没有火起来，同饮赤水河的水，却酿不出好酒，卖不了好价钱。所以，茅台有自己的经营特色，而且投资茅台符合巴菲特的逻辑，即选择有长期回报价值的公司。虽然茅台股价大涨符合基本的投资逻辑，但这只能代表个股的辉煌，并不意味着经济大势的好转。

茅台股价在 10 年间涨了 40 多倍，与之相比，海外的苹果和 Google 的股票收益率还不如茅台。若在 2001 年买入苹果公司的股票，到 2012 年可以涨 29 倍；2004 年买入 Google 的股票，到 2012 年只涨了 4 倍多，比茅台差远了。但其中的差别在于，茅台只是一个个例，自有其发展方式；而美国那些科技公司则是经历了一次很大的创新转变。例如，每次公布 CPI 数据的时候，我们都会质疑数据造假，觉得统计部门公布的物价指数比我们在生活中感受到的要低。这是因为大部分人只关注食品价格的上涨，而没有看到大量的工业制成品、科技产品、IT 产品的价格在不断下降。这种下降的创新能力恰恰来自于海外"智慧产业"的发展。苹果、Google、微软等公司的不断创新，使得工业制成品、科技产品以及公司经营成本不断下降，尽管它们的股价涨幅远不如茅台。这些公司虽然不如茅台的投资价值高，但它们带给社会的外部正效益要远比一家酒业公司好。白酒公司能卖那么贵，只能表示这个市场中的奢侈性消费、三公消费屡禁不止，并不能代表社会的价值观和社会科技水平的进步。

这就是内在和外在效益的巨大差异，茅台之谜提醒我们：我国产业结构的优化之路仍然任重而道远。

国酒之争

有"国酒"之称的茅台酒在 2012 年 8 月开始了"国酒茅台"注册商标的初审阶段,如果初审公示三个月内没有人提出异议或者异议不成立的话,那么三个月后茅台就可以挂上正式的国酒商标。但申请一开始,山西汾酒集团和五粮液集团就立即提出抗诉:凭什么茅台是国酒,其他酒就只能沦为省酒、市酒了呢?

在此,不妨先分析下其中的基本概念。其实,"国酒"这个词本身就是有争议的。国酒一般应是指一个国家最好的、最有代表性的酒。这背后的意义是,茅台不再是一个简单的商品商标,茅台公司也不再仅仅是一家普通公司,而有了国家信用为其背书。如果这个国酒商标真的批给茅台,那这个公司真的就变成了代表中国脸面的国字脸、国字酒。这确实违反了市场公平竞争的原则,涉及虚假陈述的问题,是注册商标的一大忌讳。

抛开茅台这件事,想一想中国的四大银行——工、农、中、建。如果有人问,这四大银行什么时候会破产倒闭,一定会被众人鄙视。因为这四大银行在中国现有体制里是不可能破产的,理由很简单,四大银行背后是我们国家的财政系统在支撑着。早在 1998 年,四大银行的经营一度陷入了最困难的境地,当时财政注资顶着压力,硬是把这四家濒死的银行给救活了。因此,几家银行背后的是国家信用,"国酒"茅台也会像它们一样使用国家信用。除此之外,中石化和中石油也是国家信用的使用者,它们可以享受市场化的价格,将原油价格加成后按市场价格去卖,但是炼化产业亏损了,财政就会给它们补贴。因此,国家信用目前已经被很多企业无偿滥用了,茅台商标注册事件只是又把它激发了起来而已。

国家信用能给企业带来实打实的好处,但企业必须要付出代价,比如上缴一定数量的利润。以国企和央企为例,许多国企红利上缴的比例,2009 年只有 6%,2010 年降到 2.9%,目前来看只有 5%~10%,而国外至少是 80%~90%以上。所以,当你获得国家信用的支持,在市场上没人可以把你挤掉的时候,你理应付出成本。不要只想自己赚了大钱了,是亚洲最赚钱的公司,而是要想想看这些钱究竟来自于哪里,到底该给谁多一点回报。

信誉透支

谈及所谓的"信誉透支",有两个关于酒的故事。

第一个是贵州茅台,其高调推出了一款所谓的白金酱酒,每瓶售价三百多块到一千多块,对老百姓来说价格不便宜。更重要的是这个酱酒并非茅台公司自己生产的,而是贴牌的,即一家公司生产的产品贴上茅台公司的名号后再出售。

另一个消息是关于《第一财经》栏目长期关注的一家公司——

古井贡酒。根据该公司 2012 年的中报显示,它斥资约 550 万元买入了约 6596 吨食用酒精,引发了广大网友的猜测,也引起了我们的关注,这些酒精有可能是用来做勾兑酒的。

业界人士透露了这样一个秘密:大家常喝的那些酒,例如五粮液的低端酒,很可能都是酒精勾兑的。纯粮酿造的酒一般至少需要两到三年的酿造过程,但我们现在的酒类品牌中,除了茅台和五粮液有历史赋予的内涵,其他大量的企业靠的都是营销技巧。从前我们常说"茅五剑"(茅台、五粮液、剑南春),现在变成了"茅五洋"(茅台、五粮液、洋河)。洋河通过蓝色的包装,一下子在品牌推广上取得了重大突破,这就是近两年来白酒行业市场推广的一个妙招,即营销为王,首先强调的是包装。但是,通过包装得到市场认可、迅速走红之后,白酒的产能就会遇到问题。

白酒行业的生产产能和销售量缺口长期以来都是一件神秘的事情,几乎所有的公司都不会公布具体产量数据,因此才可能出现购买食用酒精来勾兑的事情。这和当年的秦池酒很相似。秦池是 1995 年央视的广告"标王",广告一打出来之后订单就蹭蹭地往上涨,但是产能跟不上,公司只好沿着整条川藏公路全面铺开,到各地去收购散酒,拼凑在一起装瓶后就成了秦池酒。所以当时曾有一篇很著名的报道叫作《滚滚川酒入秦池》,而此后,这家公司就轰然倒下了。

因此,白酒行业固然能笑傲资本市场,带来股价的提升,但是这种营销驱动的模式依然令人担忧。营销只能应付一时,却不能解决一世。如果将来 90 后长大以后不喝白酒了,那这个行业该怎么办呢? 白酒行业是否认真琢磨过这个问题?

塑化风波

白酒市场真的有点混乱,闹得沸沸扬扬的一个事件就是香港有一位叫作"水晶皇"的网友,这位朋友在 2012 年 12 月初花了

1700 多块钱买了一瓶市场上卖得最好的 53 度飞天茅台,拿到香港去检验,并在微博上公布了检测报告,结果初步检查结果显示,该酒存在塑化剂超标的问题。

虽然香港食品安全中心最终否认了茅台酒塑化剂超标一事,但是,围绕白酒行业的这个黑天鹅事件越来越像白天鹅。以前觉得酒鬼酒有可能是"躺着中枪",但仔细想想看,就相关的一些检测而言,我们暂且不说其权威性如何,这些检测报告与白酒行业协会所说的线索是一致的,即越高端的白酒其塑化剂含量越高、存量越大,而年数越久的白酒——就是很多人收藏多年等待升值的那些白酒——也许塑化剂超标最严重。

想想也可以理解,这些老的白酒生产企业一般在技术上或者质量上管控得没有那么严格,也许在生产中用的塑料制品更多一点,存放的时间更长一些。现在已经实施机械化生产了,塑化剂问题减少了很多,但是越早生产的白酒、价格越高的白酒,也许风险会越大。

而在白酒塑化剂事件爆发 4 个多月之后,据 2013 年 4 月初的媒体报道,国内外有近 10 家权威机构共同研究制定了新的"白酒塑化剂标准"。相对于之前的临时标准,在新的标准中,塑化剂的指标相应地放宽了,受到这个利好消息的影响,A 股市场中的酿酒板块集体爆发,上涨了 3%,此前受到塑化剂影响最大的"酒鬼酒"更是强势涨停,五粮液、泸州老窖、洋河股份、贵州茅台等个股的涨幅也都在 4% 左右。

然而,在收到这个消息之后,对于公众来说真的是欲哭无泪。中国内地的朋友们连买婴儿奶粉往往都需要到境外去买,因为他们对境内生产的奶粉实在是没有太多信心。按这个逻辑去延展开来,假如将白酒塑化剂的标准冷不丁地放宽,那是不是就意味着将来要是想喝靠谱的白酒,也得跑到境外购买了吗?

在白酒涨得最疯的时候,很多中国人从美国机场、商场买茅台酒带回国内来,比国内还要便宜很多。但在以后,如果再到国外去买白酒,还能加条理由,那就是境外生产的白酒可能比国内生产的还要安全,塑化剂含量低。

同样的食品标准问题,为什么在白酒行业又出现了呢?其实,类似状况已经很明显,但凡对于食品安全问题有任何松懈,但凡监管部门或者行业内企业对于食品问题有任何钻空子的意愿,都会导致这个行业整体的信誉度下滑,导致整个行业最终信誉扫地。

中国乳品行业非常典型,在三聚氰胺事件发生之后,关于乳品行业的标准其实已作过几次调整。2010年,相关部门公布过"生乳66项食品标准",这个标准不断地被人炮轰。在相关标准中,对蛋白质含量的要求在下降,而菌落总数则从2003年每毫升不超过50万,一下上调到了200万,这是一个严重的倒退,甚至是历史性的倒退。以至于广州市奶业协会相关内部从业人员都在说,这是全球最差的牛奶标准,是世界乳业之耻。

我们一再呼吁,围绕着老百姓最关心的食品问题,不能有任何打折扣的地方。不仅不能打折扣,甚至还要按照全球最严的标准去执行和贯彻。唯有如此,才能够重塑大家对中国食品安全的信心。但遗憾的是,有关部门不仅没有进一步严厉地提高标准,反而让标准不断退步。

所以,国人对于食品安全是缺乏信心的,而行业标准现在只能够从严而绝不能够放松。这是一个最基本的认识。

这让我们想起一个故事:河北省沧县的一个村子中的井水呈现出铁红色,很多村民觉得井水不安全,于是就反映到了环保部门。结果,当地环保部门的官员却告诉村民,这水其实没问题,家里煮红豆,煮出来的水就是红的,于是井水发红也不一定有问题。环保局的官员、局长告诉我们说,用煮红豆的水的标准来看待井水泛红,它就是安全的。当然,这位局长已经因为这样一句话被撤职了,离开了他的工作岗位。

对于中国食品安全问题,如果标准含糊并且被个人和部门所掌控的话,那对于行业来说真的是一场莫大的灾难。

保价流产

2013 年年初,爆出了一个白酒行业的限价令,不过这次不是发改委下的令,而是茅台、五粮液两大酒企给经销商们下的命令。

中国贵州茅台酒厂有限责任公司(集团)董事长袁仁国放出狠话说,茅台酒的零售价每瓶不能低于 1519 元,团购价不能低于

1400元。话音未落,几家经销商就因为低价销售被处罚了。而五粮液也紧随其后,对12家低价销售的经销商进行了处罚,并且上调了多款五粮液酒的价格。

其实,对于经销商和企业的关系,用我们常说的一句话来说叫作"背靠大树好乘凉",但是,这句话并不适合白酒经销商。表面上来看,经销商能够沾茅台和五粮液的光,酒不愁卖,还能卖高价、能赚大钱,似乎日子过得很滋润。但是经销商的日子其实没有大家想象得那么好。

比如说,白酒卖得最好的时候,茅台酒的经销商想从茅台酒厂去提货,很难!所以业界一直有传闻,从一些品牌定点经销商那里买到的茅台酒,一箱十瓶酒里面也有一两瓶是假的。虽然这只是一个传闻,真假难辨,但无疑显示出经销商很大的提货压力,他们也保证不了货源供给。

另外,经销商既然背靠大树了,就得被这棵大树使唤。所以当市场价格、需求已经开始低迷,市场价格也有下降趋势的时候,大树也不允许降价。谁敢降价,大树就会一脚把它踢开。所以,背靠大树的日子不一定好过。

但问题是,这棵大树背后更大的树是什么呢?

对于白酒来说,拐点出现已经是一个既定事实,是改变不了的。之所以有这样一个结论,基于两点:

第一点是三公消费、政府开支和奢侈性消费等一连串的纪令。众所周知,从中央经委到各地方都在严格限制奢侈品的消费,包括高端酒水等等,已明确地给出了限令。实际上,对于茅台和五粮液来说,普通百姓日常吃饭时不会去点,高端白酒消费更多的是一个面子工程,代表着招待的最高水准,尤其是公务招待。而这一销路已经被彻底地封杀掉了。

第二点,从整个白酒行业的发展来说,一方面,近年来白酒行业的增长是很快的,但是为什么会增长得那么快呢?很多企业靠的是品牌推广和营销。比如说洋河,这是品牌的推广做得非常好的经典案例。但另一方面,白酒行业已处于供大于求的局面。有关数据显示,2012 年整体白酒行业产品的增长率大概是 17%,而按照十二五规划,白酒行业的年产能增长规划是在 10% 左右。所以 2012 年上半年就多增加了 7%,这 7% 的白酒谁去把它喝掉呢?

当市场对于白酒的消费开始回归理性之后,营销手段就不再奏效了。

所以,白酒行业的拐点是越来越明显了,这种拐点应该怎么去面对呢?应该从源头上去解决,白酒生产企业得去整合、思考自己的营销发展战略,而不是让经销商去做替死鬼。

那么在这种情况下,经销商会不会被逼倒戈呢?假如大量的品牌经销商都去倒戈的话,能不能倒逼市场的价格调整呢?

整个白酒行业都在赌,希望把价格稳住,让春节的价格稳住,这样全年的价格都能够稳住。但是,两个字:很难,三个字:非常难。

果不其然,这个限降令还没有满月,茅台酒就开始"低头认错"

了。2013 年 1 月 15 日,贵州茅台在官方网站发表了声明,取消之前违反了垄断法的营销策略,并且立即进行整改。这不得不令人感叹,白酒行业还真是一波未平一波又起。

茅台酒究竟违反了哪条法律呢？根据《中华人民共和国反垄断法》(以下简称《反垄断法》)第十四条规定,禁止经营者与交易相对人达成下列垄断协议:(一)固定向第三人转售商品的价格;(二)限定向第三人转售商品的最低价格;(三)国务院反垄断执法机构认定的其他垄断协议。

茅台之前规定了经销商的最低卖价,低于这价格就取消经销权,那么茅台酒厂就违反了上述法律第十四条第三款的规定。针对这样的大树,经销商的倒戈极有可能发生。

现在中央已将出了八项规定和六项禁令,对奢侈品消费已经有了非常明确的规定,从某种意义上来讲,茅台此前的辉煌在于两个字——国酒,而现在败也是败在这两个字上。国酒真正的含义是礼品酒、标杆酒,甚至某种意义上来讲是"行贿酒"。所以,当它戴上这个帽子之后就很难再摘掉。戴上这顶帽子的时候,茅台肯定是很开心的,只要是上档次的招待都必须得上茅台,所以它的销量一度是稳定的。

但是当中央这些规定出台以后,茅台就当仁不让地被白了一刀。《反垄断法》在这个时候严格执行是很及时的。在中国社会当中,利用垄断去牟取暴利的状况非常多,《反垄断法》或许还没有能够把所有的违规违法情况都查处掉。但是,法律要想真的能被大家尊重,关键就在于它敢去打"大老虎",而不是去打"小苍蝇"。

在 2012 年的时候,《反垄断法》被动用起来去打击电信企业,说它们涉嫌垄断问题。此后,整个电信价格正在加速下降,包括电信行业的开放也正在推行当中。现在针对白酒茅台——我们把它理解为高端奢侈品的龙头企业,运用《反垄断法》对其进行约束也是一个非常积极的举动。

所以,对于茅台这种具有市场优势的企业应该被《反垄断法》强势约束,而对于白酒奢侈品的价格来说,降价真的是善莫大焉。胡润富豪榜发了一个报告说,茅台酒已经跌出了最受青睐送礼品牌的前十名,其江湖地位正在被洋酒拉菲所取代。

对于中国的消费来说,这是一种消费观念的变革。除了茅台之外,中国的白酒,不管是一线、二线还是三线品牌都有很贵的酒。所有最贵的酒的起点都在 1000 块钱以上,而真正喝 1000 块钱以上的酒的人,大多数都不是自己买单,其中的猫腻有多少呢?

所以今天对于茅台来说,有这样一个反垄断的消息也是有利好成分的。茅台酒被香港朋友送检,最终被检出来塑化剂含量其实是合格的。我们首先希望白酒具有高质量、能够保证我们身体健康,这是第一位的;第二位就是,酒就是酒,它是一种餐饮当中助兴的饮品而已,不要把它标签化、奢侈品化。

国酒,中国老百姓真正能喝得起的酒才叫国酒。

行业拐点

当我们一直面对着一个整体弱势的市场时,投资者的心态也会偏悲观,有的人甚至可能会因此患上抑郁症,但是有没有解决这个"抑郁症"的药呢? 这就与很多公募基金在弱市当中采取的一些措施有关系。第一招叫作"吃药",就是买医药股;第二招叫作"喝酒",就是买与酒类相关的题材,通过这些方法在弱市当中寻找投资的机会。

然而,对于基金公司热衷的"吃药喝酒",市场其实正遇到一些拐点。白酒行业为什么会有今天看似辉煌的状况? 而这种辉煌为什么又显得那么脆弱? 我们不妨研究一下白酒行业的发展过程。

白酒行业的黄金时代究竟是在什么时候呢? 事物的发展总有个盛衰循环的周期。白酒行业与此有点类似,大概是以十年为一个周期来发生明显的变化。

实际上,白酒行业的快速发展起步于 20 世纪 80 年代,那时候乡镇企业、民营企业在各地开花,各地有什么资源呢? 很简单,米和水。于是,各地纷纷开始建立酒品牌,几乎每个县城都有自己的品牌酒。酒行业就这样开始快速地发展起来,到了 90 年代,大家突然发现营销手段在一些非常不知名的品牌当中能够快速取得成效,比如当时山东比较有名的孔府家、孔府宴、秦池,这些酒本身不是特别有名的全国性品牌,但是在营销上颇有特色,"一招鲜、吃遍天",营销到位后市场马上就扩大起来了。

一直到 2001 年的时候,国家税务总局出台了一个从量税,白酒是从这时候起从铺量开始转向抬高价格。从量税的概念就是按量征税,国家对白酒征税不是按照价格来征的,一瓶 1000 块钱的酒要交的税与一瓶 10 块钱的酒是一样的,按量来征税意味着越高价的酒越能避税。于是,当时包括茅台、国窖、郎酒在内的酒企都开始做高端白酒。由此,在最早的黄金十年里,高端酒开始诞生,从两三百块一直到两三千块的白酒,都慢慢地开始出现了。

值得一提的是,我们看到了一个数据上的规律,白酒行业的发展与我国的固定资产投资是密切相关的。从 2001 年到 2011 年,酒企营收年复合增长率为 23%。相应的这 10 年间,我国的固定资产投资年复合增长率是 23.7%。两个数据超常地吻合。这是什么原因呢?

有人推测,白酒行业在发展中固然存在品牌推广的作用,但同时伴随着中国经济的快速发展,政商之间的关系纽带越来越密切,大量资源可能集中在以固定资产投资为背景的政府手里,然后这部分政府资源又和白酒消费密切相关。因此白酒待业的发展与固定资产投资间才会有如此密切的联系。

在 2013 年的央视新年广告招标中,白酒行业再次成为了真正意义上的标王。但是,当一个行业以广告标王为特色的时候,行业轨迹常常就会开始出现转折与下滑。历史上有哪些行业曾经拿过广告标王呢？最早有 VCD、手机行业，比如波导等一些国产手机曾占据了市场领头地位，还有像娃哈哈这样的快速消费品，当它们走进标王的行列之后，往往就意味着整个行业的拐点开始出现了。

白酒行业受益于中国经济的繁荣。在黄金时代里，有一些县乡级的小酒厂变成了大规模的国际型白酒企业。这应该是一个行业的升级，但升级之后又会如何呢？众所周知，经济增速的快速提升与白酒行业的快速发展是密切相关的，当经济增速开始出现减缓的迹象之后，白酒的黄金时代是不是也会宣告终结呢？

根据 2012 年三季度的数据，白酒行业的净利润增长了 62%，营收增长了 41%，销售毛利率依然高达 73%，是地地道道的暴利行业，但股价和业绩却出现了背离，而且还在不断的调整当中。

黑天鹅事件的爆发——塑化剂的事件使整个行业产生了转折性的变化。抛开塑化剂这样一个食品安全问题，白酒行业之所以会从黄金时代进入到白银时代，有几个原因：第一，整个国家的经济结构正处于转型之中，这也就意味着以前以固定资产高速增长为带动的发展模式会发生改变，假如白酒行业增长和固定资产投资增速之间这种线性关系真的存在，那么经济结构的优化则表明，白酒增长在经济基础上是不被支持的；第二，在整体的经济面处于减速状态时，意味着商务活动会减少，喝酒的就会越来越少，应酬的机会在减少，由此白酒价格的实际需求也在减少；第三，白酒价格之所以会涨那么多，特别是有所谓窖藏概念的白酒价格会涨那么多，就是因为在过去的几年间，通货膨胀率比较高，物价处于高位上涨之中,所以有人说白酒买了不只是能喝,还能像葡萄酒一样,留着它去升值、去做投资。当通货膨胀率、物价指数的增幅开始下降的时候,则意味着投资的需求也在减弱。此外,行政部门对于三公消费的抑制,宏观经济整个政策的严控,使得投机行为也受到了一定的制约。所以,不只是塑化剂这样一个简单的事件,大的经济背景正在发生实质性的变化。

还有一点,暴利行业会产生一个结果,就是大量的企业就会被催生,供给实际上是绝对超标的,产能过盛在白酒行业也是存在的。如果将 20 岁到 60 岁的男性作为中国白酒行业主要的消费群体来计算,大概有 4 亿多人口。2011 年,我国的白酒产量是 1025 万吨,以 500 毫升一瓶的常规白酒来计算大概是 250 多亿瓶。假设今后每年生产的酒都在 1 年内被消费掉,那么就意味着消费人群每人每年要喝掉 50 多瓶白酒,每周就要喝掉 1 瓶白酒,显然这是不现实的。

这一连串的数据表明,白酒行业的发展现在已经走到了一个低谷。在现实当中,越高端的白酒越难卖,经济增速减缓、通胀压力减轻,白酒行业的"黄金"成色正在逐步降低。

但是,在白酒行业的投资策略报告中,券商研究员们依然是整体看多的。一系列的券商研究报告其实说明了这样一个问题:在整体市场处于弱势当中,大消费题材依然甚嚣尘上的格局下,不去投资白酒的话又能去投资什么呢?公募基金仍然在重仓持有白酒股,它们缺乏长期"戒酒"的理由,没有更多、更好的选择,这可能会是更加悲哀的情况。

　　一叶落而知天下秋,白酒行业的发展与整个中国经济的发展模式密切相关。但问题是,整个经济的发展模式正在主动或者被动地处于转型当中,而相应的行业能不能转变并且跟上呢? 食品安全已不仅仅是一个技术问题,而是关乎经济战略和模式转变的问题。

　　我们一直在提,中国经济的增长应该考虑,如何在收入倍增之后让老百姓更敢花钱,刺激消费的增长,再由此带动投资的增长,而不是让投资增长去推动消费增长。

　　但消费增长的一个重要前提就是,食品安全有保障,老百姓有钱可花,有钱愿意花。当我们在经济增长中,投资不再依赖房地产、股市不再依赖大消费的概念——不再依赖"吃药喝酒"的时候,也许才能够给这个市场带来真正的提振。

第十章

谁动了大佬们的奶酪?

武钢养猪

　　关于钢铁市场,我们先讲一个故事:2012 年 7 月,著名的武汉钢铁公司正式宣布走出多元化的第一步。2012 年上半年的传言是,武钢要建造一个能够容纳上万头猪的养猪场,准备全方位展开生态养殖。而根据曝出的新闻,武钢越来越多元化了,接下去还要订快餐、请保姆,以前这些都是属于街道居委会干的事情,武钢这么大的企业说干就干,被武钢命名为"召之即来"的服务中心也已悄然开业。

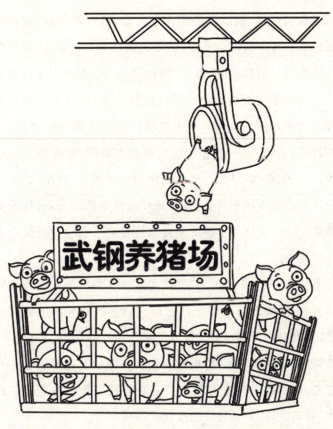

　　除了武钢令人难以理解的多元化运作之外,上海宝钢也作出了产业调整,市政府和宝钢集团就上海宝山地区的钢铁产业结构调整签署了协议,相关产能将逐步调整,以此提高整个宝钢在高端产品制造方面的能力。两个不同地域的著名钢铁企业都在进行着调整,反映出目前国内钢铁行业的经营困局。2012 年前 4 个月,钢铁行业实现利润 395 亿元,同比下降了接近 50%,是一个大打折扣的状况。

　　钢铁微利时代，钢铁企业都在想办法，都在找出路，究竟该怎么办呢？有一件事情值得关注，虽然钢铁行业并不景气，股神巴菲特却一直在投资钢铁企业，即韩国的浦项制铁，很多人对此表示不解。而且近两年在钢铁行业不景气的状况下，也没有听说巴菲特减持钢铁公司的股份；2013 年年初的时候他还强调要增持浦项。浦项制铁模式其实是一个非常经典的投资案例，即在整个市场处于弱市之时，钢铁卖不出去，反而会倒逼淡水河谷、力拓、必和必拓这些公司去收购这些钢铁企业，实现产业链条的打通，这样就可以缩减成本。而产业链上下游的整合恰恰符合了巴菲特所提出来的"护城河"理论。

　　巴菲特在 1993 年提出了"护城河"理论，他认为在选择投资方向的时候，一定要选择能够把自己的经营业务和利润保护起来的公司，这个"护城河"就是别人没有的矿石资产，投资钢铁企业的原因就是如此。"护城之河"的概念对我们中国企业的发展也具有同样的意义，我们也必须去寻找一个有独特投资价值的企业。武钢去养猪、养鸡了，算不算独特的投资价值呢？

　　神舟九号载人宇宙飞船上天了，神九上最贵的仪器肯定不是钢铁，但最重的东西一定是钢材。谁也离不开钢材，关键在于如何把钢材制品打造得更精细一点，更有利可图。当中国的钢铁企业都在感慨日子难过的同时，不妨问问自己这个问题吧。

石油亏损

根据中石油 2012 年的半年报表，其实现了净利润 620 亿元，同比下降 6%，炼油板块亏损 233 亿元，拟每 10 股派发 1.525 元（含税）分红，共计派发 279.12 亿元。

市场上有这样一个规律，但凡国有垄断企业公布报表，舆论上就会立刻出现反扑。第一个反扑是针对炼化板块的亏损，很多人都在猜，中石油的炼化板块又亏了，那么中石化可能亏得更厉害，政府会采取什么措施呢？第一个可能是会呼吁财政部门给予补贴，第二个则是呼吁发改委涨价，第三个大概是呼吁既补贴又涨价。

从历史经验上来看，炼化板块一旦出现巨亏，两大石油巨头就开始呼吁，方法无非就是上述三种。大家很疑惑，既然企业赚钱了，那又为什么非要去补贴其炼化板块呢？而从另外一个角度来讲，这些企业有时候也挺冤。有一件关于中石油特别冤屈的事情，中石油在此事中基本上就是"窦娥"：有媒体翻出了 2009 年的报道，称中石油在美国上市融资了 29 亿美元，但给境外投资者的分红达到 119 亿美元，分红总额超过融资额的 4 倍。这个消息曝光出来后，引起了一片骂声。

然而，这个消息纯属假新闻，其中有两个错误，第一是中石油之前的分红,所谓的 119 亿美元是针对所有的海外市场投资者,甚至在 A 股市场上市之后也包括 A 股市场的投资者,根本不是专门针对美国投资者的。第二个错误是中石油根本没有在美国正式上市,而是在香港上市后拿了所发行的一些存托凭证在美国进行交易,也根本不存在在美国融资的问题。这整个就是一个乌龙事件。

石油巨头在被公众误解时也有责任和义务去澄清错误的消息。但公众的情绪在指向什么呢?为什么中石化、中石油不管有什么消息,不管是利好还是利空,公众都倾向于把它理解为负面的呢?原因在于公众期待垄断行业的改革能够实打实地跟进。在中国经济增长减速的情况下,钢铁行业都已经衰落到冰点了,几乎是处于改革开放三十多年来最困难的地步,但因为这个行业的市场竞争很充分,所以大家没有意见。但石油石化就不同了,由于是集中在两三家企业手上,所以大家的意见非常大,这也恰恰说明了改革开放的突破口非常明确,就是这些具体的行业和公司。

能改吗?当然能改。改了吗?还没有动静。

光伏困局

曾几何时,光伏产业非常牛,但时至今日却惨不忍睹。其中非常具有代表性的无锡尚德太阳能电力有限公司从 2012 年开始也陷入到了困局,直至 2013 年 3 月下旬宣布 5.41 亿元的可转债确认违约,海外投行纷纷给予其卖出的评级,甚至有机构将目标价下调到了 0 美元,破产几乎已成定局。

针对光伏行业举步维艰的状况,多个部门于 2012 年 10 月底在保定召开了一次会议,住建部、财政部、国家能源局等部门都参加了这个会议,提出了很多政策措施,希望能够挽救光伏行业,使这个行业能够重新振兴。太阳能是取之不竭的,光伏行业作为新能源产业,怎么会垮下去呢?

但是,是不是这样一次会议就能够解决光伏行业发展的困局呢?深入地思考一下,光伏产业为什么会面临如此困境?问题还是在于供求格局,或者说消费与生产两个环节的脱节。对于国内的光伏生产市场,国内的光伏生产是严重过剩的,在 2011 年我国光伏产业的整体组件就已经达到了 30GW,而全球的装机容量只有 20GW,这是明显的产能过剩。

为什么会产能过剩呢?这是由于很多地方政府在房地产业不景气的时候开始选择其他产业作为突破口,以光伏等新能源产业为核心,很多地方的光伏产业相关企业规模扩张速度非常之快。我们可以看到,有一大半的光伏企业都是在 2007 年之后成立的。在地方政府的鼓励和扶持下,整个光伏行业的企业快速地膨胀,而整体光伏行业的利润率也从 2007 年的 39% 下滑到现在的 20%,这是因为生产得太多了,而且这是政府鼓励所导致的产能过剩。

而消费市场呢?光伏行业的主要消费市场在欧洲,我国大多数的光伏产品主要是出口到欧洲,一小部分是出口到美国——即便出口到美国的比例不是很大,但是美国依然打起了双反的旗号——反倾销加反补贴,反倾销税达到 250%。

中国自身对于光伏产品的消费能力非常有限。一方面是政府要求大干快上,鼓励企业去生产;另一方面生产出来的产品绝大多数是卖给国外的,我们自己没有消化能力,只能受制于海外市场的需求。中国的光伏行业的发展,最大的问题就在于"两头在外",即需求方在国外,原材料的供给方也在国外,在国内说是高科技行业,其实只是在做简单的再加工环节,附加值很低。而且据说太阳能面板的加工过程还会给当地环境造成污染风险。

对于以尚德和江西一些企业为代表的光伏行业,它们从创业尝试,到巅峰之后迅速崩盘,乃至于最终坠落深谷,这个过程值得

我们去思考。对于尚德出现违约倒债的问题，国际市场与国内市场的处理方式有着很大的区别。在国内市场，企业遇到困境的时候仍然会有一些期待，ST 公司还可以重组，乌鸡变凤凰，将来恢复上市之后股价还能暴涨。但国外市场并不是这样，海外市场对公司的信用度盯得非常紧，债务违约是十分可怕的事情。一旦出现了债务违约，这家公司名义上只是"倒债"，但它在投资者、经销商、交易商心目当中，已经完全是一家烂公司，彻底完蛋了。于是，海外投行才会给出无锡尚德 0 美元的估值。

在无锡尚德的个案中，有一件事情比较有意思。2006 年的时候，尚德电力的创始人施正荣先生——也就是当年的中国首富——开始带领一批人走上光伏行业致富之路。光伏产业为何会大起大落呢？观察一下其中的要素，可以这样来分析：如果这个行业不赚钱，就产生不了爆发的机会，也就不会有那么多跟风者；没有那么多的跟风者，也就不会有后来行业发展的困局。中国的产能已是全球需求的一倍以上，如果不是跟风，这种尴尬的格局可能就不会出现了。

在中国的工业企业界，为什么别的制造业利润很薄？原因有几个方面，比如土地成本很高，人工成本也很高，整个企业的运营压力很大。但基于地方政府的大力支持，很多光伏产业在各地落户之后，土地不要钱，厂房租金也不需支付，还会得到政府补贴。从这个行业发展伊始，就没有按照市场公平的原则竞争，和其他制造业不是站在同一条起跑线上的。

157

光伏悲剧首先应该思考的是财政方面的因素,经济的增长越来越不能依靠行政力量来推动。所以应该让光伏行业市场化,政府的补贴、行政过度扶持应该取消。消费市场方面反而需要给予扶持,欧洲的市场上光伏产品之所以消化得快,就是因为政府给用户提供了比较明确的财政补贴。如果将消费市场留到国内,自己去消化产能,市场就能够理顺。各种各样的政府工程都没有必要,核心点就是政府该做的要做,不该做的就不要做,市场自动就能够理顺它的供求关系。

光伏产业的悲剧我们都希望不要再度上演,政府决策很难去准确评判哪个行业能够取得发展的先机。

家电黑榜

洗衣机几乎是家家都有的电器,但是您有没有想过,洗衣机是不是真的能够洗干净衣服呢?就在 2013 年春节期间,上海质监部门发布的多份报告显示,包括松下、LG、长虹、海尔在内的多个家电品牌都因为抽检产品质量不合格而被点名,主要的不合格项目包括洗净性能、耗电量、能效等级这三个指标。对此,家电专家表示,这几个不合格项目恰恰都是消费者最关注的指标,其中洗净性能和能耗这两个问题可能与企业的虚假标注有关,而能耗等级的不合格则可能与骗取节能补贴相关。

其实，企业老板的核心就是一个词——商人，这里有两个概念可以解释：一个是容易受"伤"的人，承受的压力比较大；另外一方面，"熙熙攘攘，皆为利往"，商人目的就是为了赚钱。所以，当有人告诉商人，有一个政策出来会给他们带来商机的时候，这些商人就不可能遏制住自己的欲望，肯定会去迎合这个政策。

"能效补贴"就是一个非常典型的政策引导。高效节能的家用洗衣机补贴标准大概是在每台 70～260 元。这个标准是在 2012 年四五月出台的，随后相关品牌的一些洗衣机就出现了能效造假问题。就在 2012 年四五月这个关口，之前还是四级或者五级能效的电器一夜之间就变成了一级、二级能效了，原因就是可以得到这项财政补贴。

政策既然告诉大家，只要把这个价值五分钱、一毛钱的标签换一张，就能够得到几十元到几百元的补贴，何乐而不为呢？所以，财政补贴会对企业行为产生很大的影响。

而且，这件事情还可以稍微放大来看。从我们过去的政策来看，只要出台财政补贴，出台政府引导的政策措施，都会在市场上产生影响。其中，钻空子的现象非常明显。比如说家电下乡，就有人先拿到家电下乡补贴需要填的那张表，再到农村去买农户的资料、户口本的复印件等等，然后把这些资料递交上去，家电就"下乡"了，补贴也就进腰包了。家电以旧换新也是如此，很多人干脆就到旧货市场去买旧家电，几十元便可买到一台老式电视机，而换一台大的液晶电视最高可以补贴约 200 块钱，这里面就存在差价。

我们到旧货市场买个旧家电,然后拿它以旧换新,中间的一百多块钱差价,就是拿到的财政政策补贴。事实上,政府发放补贴的目的是补贴这样的人吗?不是。但是就因为有这样一个补贴的政策,就有人去钻相关政策的漏洞,这就是市场上一个比较棘手的问题。

再放大一点,在家电领域之外,太阳能行业曾经是一个新兴产业,但是一瞬间中国的光伏产业就把太阳能行业给打压下来了。其中很重要的一点原因就是财政补贴,只要上马太阳能项目,减税退税各种补贴就唾手可得。企业即使卖产品赚不到钱,光靠财政补贴也可以活下去,何乐而不为呢?于是,中国一瞬间就变成了全球多晶硅最重要的产地。最终的结果就是产品都卖到了美国和欧洲,政府补贴的实际上是美国和欧洲的消费者,和我们的老百姓没半点关系。

当我们看到财政补贴这些政策措施的时候,一方面感觉到政府正在引导市场产业的优化;但另一方面,如果财政补贴的方法过于刚性,也有可能会改变市场选择的方向。财政补贴应该严格限定"补需方",政策可以进行支持,但引导还是需要依靠市场自身的力量。

电信格局

中国移动公布的 2012 年业绩,让大家觉得又喜又悲。喜的是根据其全年业绩报告,2012 年中国移动的收入是 5604 亿元,纯利润更是达到了 1293 亿元,也就是说平均一天中国移动就能够赚到 3.54 亿元,远胜于市场的预期。但悲的是,如果按全年来计算的话,中国移动的核心业务的利润却出现了 10 年以来的首度倒退。也就是说这个巨无霸一家独大的局面正在逐渐趋弱。

电信行业的发展有个非常明显的规律和趋势。之前的固定电话业务十分红火,中国电信曾经特别牛,装电话的时候还得交好几千元的所谓初装费,那个时候普通职工的收入也只有每个月几百元,或者刚过千元,所以那时候大家就觉得固定电话业务太厉害了,太赚钱了。

慢慢地,随着移动通信业务的兴起,很多人觉得使用固话用处不大,而通讯公司还要收月租费,于是干脆就把家里的固话给停掉了。移动通信的成本越来越低,这是很大的一个变化。

到今天,虽然在形式上三大垄断巨头对很多移动业务展开了竞争,但垄断格局依然没有被根本动摇。实际上仔细回顾一下,这几年来中移动、电信、联通这三大巨头给我们的生活带来什么样的颠覆性变化了吗?

三大巨头都在搞一些移动增值业务,但这种增值性业务竞争远远没有超越一般的市场领域。比如说,现在比较火的微博和微信,这些业务都是网络公司在做,它们虽然利用了移动通信的技术,但是核心的商业模式全部都是网络公司在推动。

三大垄断巨头自己也曾经搞过类似的业务,比如说飞信,但是市场影响力远远没有跟上。所以,对于电信行业的发展来说,有一个非常重要的新规律,那就是移动通信现在已经出现了一个新的盈利模式,这种模式意味着庞然大物也会有自己的弱点,这些弱点使得巨头们原来的物理优势或者固化的网络优势不复存在,至少是不再明显了。

所以,再来解读中国移动业绩报表的时候,就会发现这似乎显示出了一个拐点。虽然中国移动2012年的利润高达1293亿元,但仔细一核算,在中国移动的利润构成当中,投资浦发银行的回报贡献及本身利息收入合计达到183亿元,如果把这部分的收益剔除掉,中国移动的净利润较2011年反而下降了0.5%。

换句话说,巨头企业的收益增长看起来很高,但其实是非常不稳定、不可持续的。很多人都认为从2012年开始,中国银行业整体利润增长的空间越来越窄了。银行想赚钱,想获取暴利的时代其实已经渐行渐远了。所以,如果将非主业税前利润剔除掉的话,我们可以预见,未来以中移动为代表的三大移动巨头,他们的报表会越来越难看。

仔细想想,电信行业的发展历史也的确一贯如此。曾经,每一个行业巨头都会非常厉害,这种厉害程度,甚至会让很多人感到恐惧。

然而,巨头们的命门往往最为脆弱。这些年,一些小的移动运营商、网络公司搞出了很多与电信相关的新商业模式。但是当他们把商业计划书交给创投机构时,创投机构往往都不会投资。创投机构的担心在于,小公司推出一个新的盈利模式,假如中移动这些巨头也来模仿的话,小公司能不能扛得住? 但是,让人感到"惊喜"的是:这些个性化的创意方案,中国移动还真的没有跟进。这才正是微信能够悄然兴起的原因所在。

这就表明,管理学中提到的"大企业病"正在三大电信垄断巨头中显现出来,如果它们不主动变革的话,就会被市场的改变所吞没。

之前有报道说,三大移动巨头曾经聚在一起商量针对微信这样的业务进行收费。当然,后来是不了了之了。但不管怎么说,一只小小的蚂蚁,现在伸出腿也能够绊倒一头大象了,这头大象内心深处会不会觉得有点害怕呢?

央企红利

2013 年第一季度末,财政部向全国"两会"递交的预算报告显示,2012 年中央国有资本经营收入为 983.7 亿元。也就是说,2012 年央企上缴的红利不足千亿元,而且其中仅有 7.2% 是用于民生支出的,大部分收益因为各种原因,又重新回到央企内部,比如科技创新、节能减排以及产业结构调整等等。相形之下,世界各国央企上缴红利的比例基本上都在 20%~25%。那么,央企红利这块蛋糕究竟该怎么切呢?

央企红利问题在全国"两会"期间引起了代表们的广泛关注。

不妨先把一些代表委员的观念做一下介绍。全国人大代表、娃哈哈集团的董事长宗庆后——他同时也是我们中国内地的首富——就认为,央企应该按国有股份所占的比例上缴红利。来自于上海的一位叫樊云的全国人大代表说,按照全国整个财政收入的比例算一算百分比,2012 年的财政收入达到了 117200 亿元,但是央企所上缴的国有资本的收益只有不到千亿元。其余的钱都去哪里了呢? 全国人大代表、宝钢集团的总经理何文波就说,他更关心的不是这个红利去了哪里,而是怎么去分,他更关心的是国有企业怎么去改制的问题。

央企红利几乎在每年"两会"中都是热点话题,算来算去所有人都觉得亏了。为什么亏呢? 因为虽然我们只是普通老百姓,但是我们还有另外一个身份——国家的主人。国家主人的重要标志,就是应该成为这些国有企业理论上的股东。

从理论上说,国有企业赚了钱,就应该给所有股东分钱,共享利润,这在法理上和公司制度上都没有任何疑问。问题就在于,为什么国企或者央企上缴的红利比例如此之低?

回顾历史,其实在 1994 年之前,央企不仅不上缴红利,连基本的向国家纳税的义务都没有履行。1994 年之后,央企开始依法纳税,该交的税统统交到国家财政部门。而到了 2008 年,央企才开始把除了税之外的红利的一部分上缴到国家财政部门。从总体比例上来看,国外央企上缴红利已经达到总利润的 20%～25%,但中国的上缴比例明显偏低。目前按照相关的规定，一般央企的平均上缴水平是 10％，与国际相比差了一半，所以老百姓会有意见。

那么，国有企业红利上缴比例偏低会导致什么样的问题呢？

第一个问题就是，老百姓会觉得自己作为股东，没有享受到相应的回报，这是不合理的。这一点是法理上、制度上的问题。第二个问题更重要，当我们不断地进行宏观调控的时候，比如说行政部门、监管部门在严控房地产市场，遏制资金流入到房地产市场时，有些央企反而在"逆势而动"。

其实，以央企为代表的国企非常典型，在很多民营房地产企业已经很难拿到开发贷款的情况下，央企不仅能够拿到开发贷款，而且因其历年积累的红利不需要向股东分红，所以资产规模变得非常庞大。由此导致的结果就是，调控政策似乎出现了不公平的情况，一方面民营企业或者部分中小企业被政策明显遏制，在它们身上彰显了政策绩效；但是另一方面，这些"虚胖"的央企却没有受到影响，反而变得越来越"胖"。

曾经有一份研究报告，在提到新的房地产调控政策影响时，认为该政策"会产生更明显的贫富差距"。所谓的"贫富差距"，就是大的国有企业、央企会在一波又一波的严厉调控政策之下获得更多的发展机遇，国企、央企与民企间此消彼长的状况会更加明显。

10％的红利上缴标准到底有何依据？红利上缴到财政以后又是如何去使用的？国企留存的那些利润到底用来做了什么？是扩大再生产了，还是真如他们所说，用于科研或者惠及老百姓了？公众都不清楚。

央企上缴红利,将国企的财政分红预算纳入到一般财政预算框架当中是必然之举。同时让这些上缴利润能够尽可能多地惠及到公众,需要我们的财政管理更加透明,最终让所有公民都能够分享到一口国企的"大胡萝卜"。

第四篇
洞察世事，关注社会民生

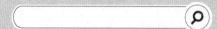

诺奖买房　央企地王　楼市出路　房奴松绑　调控加码

地产怪圈　油价超美

蔬菜涨跌　天价物流　养老并轨　医改难题

第十一章
楼市,那是一座围城

诺奖买房

北京时间 2012 年 10 月 11 日晚上 7 点多,中国最热门的一位人物诞生了——作家莫言获得了 2012 年诺贝尔文学奖。莫言是他的笔名,这个名字直译成英文叫作"Shut up"(闭嘴)。当然,这是一个玩笑。

莫言获得了诺贝尔文学奖应该是中国文学界的一大盛事和骄傲。但是,对于我们这样的财经媒体人而言,我们关注的是财经方面的事情。从莫言的奖金来看——800 万的瑞典克朗,折合成人民币约为 750 万元。这笔钱算多吗?

有一个小秘密:所谓的诺贝尔奖其实是在缩水的,而且今年刚开始缩水。据说去年的诺贝尔奖奖金还能达到 1000 万克朗,今年大概缩水了两成,所以莫言老师这回有点吃亏了。

奖金折合成 750 万元人民币,能买些什么呢? 很多网友在网上给莫言算了一笔账,如果他在各个城市买房,750 万元奖金能买多大的房子呢?

如果莫老先生要想在上海买房的话，2012年9月上海的新房成交均价是每平方米2.1万，按照750万元总价，他能买350多平方米的大豪宅。但是，如果按照上海顶级的楼盘价格来算，比如说上海目前最贵的房子大概是15万元人民币每平方米，这笔奖金只能买个50多平方米的小户型。

实际上，从上海楼市现状来看，沿着滨江板块等核心地带的房子，150～160平方米的房型，市场报价基本上都在1000万元以上。莫老先生若要用这笔钱在上海、北京这些一线城市买房的话，压力其实还挺大的。750万元看起来挺多的，实际上，房价在不断上涨，而他的奖金正在缩水。

回想20世纪80年代的时候，每年颁发诺贝尔奖之后，媒体都会报道奖金的具体金额，当时诺贝尔奖金折算成美元的大概是20多万美元。按照我们当时官方汇率来算，大约折合六七十万人民币。

20世纪80年代中国人的收入是多少呢？80年代早期，中国人每个月的收入大概只有几十元钱。到了80年代中期，上升到100元钱，80年代后期，好一点的工作每个月能赚到几百元。相比之下，六七十万人民币的奖金在那时简直就是一笔巨款，购买力远远超过如今的750万元。

我们衷心地祝贺莫言老师能拿到诺贝尔奖，但是在国内高房价面前，诺贝尔奖的金额已经出现了明显缩水。

当初莫言老师因为商业影响力还不够，曾经在发布自己新书的时候请过青年作家郭敬明来帮自己宣传。莫言老师有这样一句话:"诺贝尔文学奖得主如果依靠写作去买房子,现在真的是很难。靠写作过上像郭敬明一样的生活,全国估计只有郭敬明一个人了。"这其中的无奈也让人觉得,中国的经济在房地产等领域的泡沫已然非常严重,以至于我们看到如此庞大的资金在它的面前也会显得微薄。

央企地王

在房地产市场沉寂了一段时间之后,2012 年 9 月,央企保利地产又开始表现得非常生猛。央企似乎总是在大家觉得市场不景气、不太靠谱的时候异军突起。央企玩的就是突施冷箭,一箭就能让人大吃一惊。

2012 年 10 月 10 日,保利地产在天津的一家股权投资公司,以45 亿元的高价拿下了上海徐汇滨江地块。在同一天,保利以 32 亿的高价斩获湖南长沙的地王,在一天之内就拿下了两块地王。如果提到地王和房价之间的关系,就会让人想起面粉和面包的关系。之前很多人都做过一些测算,在房地产市场非常活跃、非常疯狂的时候,就必然会产生所谓的地王,不管是央企还是民营公司,拿到的楼板价甚至比当时在售的商品房销售价格还要高。所以就有人说,当面粉贵过面包时,面包的价格也肯定会随之上涨。反之,要想把面包的价格遏制住,首先得考虑能不能压下去面粉的价格。

　　从某种意义上来讲，只要房地产调控政策长期严格执行的趋势没有任何改变，开发商拿地的冲动就会越来越弱。开发商可能拥有几亿、十几亿甚至上百亿元的资金规模，但这些资金都是在不断滚动的。现在要拿出巨额现金去买地的话，就有可能被套牢，那么之前十几年挣的钱有可能一笔砸下去就没了。所以普通开发商在拿地上还是比较谨慎的，但还是有人出手阔绰，谁呢？央企！

　　现在很多城市的地王都是央企，这表明房地产行业分化的趋势正在显现。面粉降价了，面包才能真正便宜下来。所以，主管部门对于地价问题必须要做好监管。2011年3月，北京一天连续拍出三块地王，三块地王都有央企背景，其中包括中国远洋和北京世博鸿业。

　　但是，央企为什么会有这么多的资金呢？有很多数据和调查显示，当行业都不太景气的时候，央企能有钱，能真金白银地拿出来去买地，原因就在于它们有比较通畅的融资渠道和比较低的融资成本。

　　行业分化的概念就是如此，当市场化的民营房地产企业开始陷入困境，当它们开始为钱犯愁、开始担心自己的资金链断裂、开始考虑是不是要去低价抛盘来回笼资金的时候，有人却依然财大气粗地挺着，这就是央企。

　　所以，这样一种状况表明，整个市场的开放格局或者体制内的分化格局仍然是存在的。市场如果要突破的话，核心问题还是在于击破既得利益群体。当然，现在既得利益群体有着非常强大的话语权，而且具有隐形的市场干预能力或者参与能力，要想打破是非常难的。但是,能不能去解决呢?

从长期来看,面粉价格过高的原因除了有央企把"地王"给托起来之外,还有一个原因在于,从某种程度上而言,地方政府的利益和地方银行、各地方以央企为背景的企业之间利益是一致的。

地方政府需要财税的时候,需要地价上涨,需要各种各样的收益。而央企恰恰可以通过银行、房地产企业和地方政府之间的利益链条来满足这种诉求。

所以从某种意义上来讲,如若地方政府的利益能够从房地产利益当中超脱出来,央企的企业属性也能够从行业的利益当中超脱出来,这个市场或许就能够更加稳定和公平了。

楼市出路

房地产市场是众矢之的,所以很多人会讲许多与之相关的段子或进行一些分析。

有好事者发现,社会上的离婚率跟房价是有关系的,房价越涨越高,离婚率就会越来越高。其中的道理很简单,房价上涨后每个小家庭每个月需要供的按揭贷款就越来越多,所以过日子的钱就越来越少,钱一少就容易吵架,吵架多了离婚的可能性就大了。这个道理很简单。还有人把这个统计数据,也就是将房价波动与离婚率做了一个统计上的回归分析,算出来确实是相关的。

在 2012 年 9 月的时候，我们参加了很多关于宏观经济政策的讨论。有一个现象值得关注，关于房地产，市场层面的讨论和学术层面或者高端层面越来越不一样了。比如说，全国工商联房地产商会会长聂梅生女士，还有一线经济学家巴曙松，他们已经不再简单地"就房市说房市"了。他们认为，房地产市场从长期来看必须逐步从支柱产业、绑架宏观经济的这种角色中退出。换言之，房地产的社会地位正在慢慢降低，但是这并不意味着房地产市场就此消失了，老百姓终归得衣食住行，住是其中最重要的一部分。

那么怎么解决房地产业的健康发展问题呢？学者们提出了很多重要的建议，比如说城镇化改革。能不能通过城镇化的进一步完善来保证房地产市场长期稳定的需求呢？比如户籍制度改革。户籍制度必须进行更深层次的改革，这也意味着房地产市场本身将成为体制改革深化的附属品。再比如中央和地方财政改革。地方政府土地财政是一个财政学的概念，它涉及财政分权体制，而房地产也是伴随其中的一部分。

所以，当市场处于相对低迷状态，在寻找底部的时候，房地产行业不应该再成为政策直接触及的焦点。深层次的体制改革远重于房地产市场改革。

我们经常会说到这样一个问题：中国经济体制改革，或者中国经济发展模式的创新，应该告别"摸着石头过河"的阶段，不要再把焦点集中到房地产市场当中去，而要仔细去思考一下，怎么能够实现区域之间的平衡发展，怎么能够实现中央和地方财政之间的平衡发展,让房地产不再因为这些改革不到位而成为焦点。

举一个简单的例子,就是因为经济发展机会过多、一线城市的投资机会过多,才导致大量人口涌入这些大城市,而这些外来人口没有办法取得这些城市的户籍,他们才会去玩泡沫,而不是以一个长期定居者的角色去思考,这就会使得一线城市的房价被抬高。一线城市房价高了,二线城市、三线城市、四线城市的房价也会跟着上涨。所以,这不只是投机炒作房子的问题,而是一个区域发展不平衡的问题。土地财政也是如此,中央和地方分权的不合理性导致了地方政府在很大程度上必须要依赖房地产业。如今,房地产业似乎已成为了一个挡箭牌,而后面的体制改革问题则被隐藏起来了。

关于这些问题,很多专家学者的建议是很重要的,我们应该关注深层次的体制改革。也许过几年之后,房地产的问题、房价的问题已不再是我们讨论的焦点,那才真的是一大进步。

房奴松绑

有这样一个统计性报道,说 2012 年年底首批"房奴"们松绑了。

中国的房地产市场改革是从 1998 年开始的,一直到 2012 年,整整 15 年过去了,当初第一批贷款购房者,贷款期很多都选择了

10～15 年。所以到今天为止，在房地产市场化改革之初买房的那部分"房奴"正式解套了。

有人算了一笔账，比如说上海的 70 后，在 1999 年时买了一套中外环间的房子，那时房价大概只有两三千元一平方米，现在房价基本上已经飙到了 2 万多元，价格大概翻了 10 倍，扣掉所归还的贷款，基本上一套 100 平方米的房子，净赚 200 万元是没有任何问题的。

所以对于第一批买商品房的人而言，当初看起来是房奴，买房子、借贷款，很多人心理上都有些接受不了。但到今天来看，真是后悔，恨不得当时把整栋楼都给买下来。但市场上永远都没有后悔药，就算有后悔药也过期了，来不及了。

但是，我们立足于 15 年后来看旧的房奴退市，会发现两个非常值得关注的点。

第一点，旧房奴退市之后，他们的财务积累已经成为可支配财产，即便现在还有一些尾贷没有还清，也没有多少了。这一群体有两方面新的需求：一方面，他们是否需要进行住房改善，改善性需求是不是会与我们的房屋限购令发生矛盾呢？另一方面，他们如果不去进行住房改善的话，他们手中积聚了大量的社会财富，应如何去引导他们进行合理消费来拉动内需和经济增长呢？在摘掉房奴的帽子以后，意味着他们经济自由、财务自由了，那么他们会怎么去花钱？这需要社会帮他们想办法。这是第一个大问题。

第二点，当第一批房奴开始告别房奴之后，后面一批想当房奴的人，却没有资格了。

现在的房地产业很典型，如果您现在在上海有了一套房子，那么就已经赶上了社会的平均财富水平；有两套就是小康，有三套就是大富大贵，零套就是"屌丝"。根据房产的套数就能确定所处一个人的经济状况。

现在很重要的问题是，保障房的"短板"能不能补得上呢？15年过去了，让我们一起回顾一下 1998 年房地产改革启动时相关文件当中明确写好的，要提供经济适用房、廉租房和商品房三足鼎立

的格局。而现在以保障房为代表的"短板"必须要"补课"了，否则房奴都已经成为了奢侈，这就意味着政策 15 年来确有偏差，需要进行优化和调整。

第一批房奴挥挥手，不带走一片云彩；第二批、第三批或者更后面的房奴呢？他们可能连挥手都没有机会。

调控加码

在 2013 年春节之后，人们都开始关注火热的房地产市场，同时也在注意有没有更加严厉的调控政策出台。果然，在 2013 年 2 月 20 日举行的国务院常务会议上就出台了五项调控政策，其中也包括严格执行商品房限购措施，扩大个人住房房产税改革试点范围等。

随着这五项措施的公布，房地产市场的调控加码就算是落地了。

其实，所谓的"新国五条"，从市场的预期来看，一直在等待着这只"锤子"落地。而"新国五条"究竟是什么样的概念呢？就调控本身而言，普通人其实很难理解条文的真正含义，我们来给您解读一下。

对于投资者来说，增量的、超预期的政策变化才会对市场判断产生影响；存量的、预期内的政策变化其实对市场是没有影响的。那么，什么叫作增量变化呢？其实就是以下几点：

第一点，各地制定的年度房价目标在最近一两年必须上报，而今年特别强调的是，要上报的房价目标叫作"新建商品住房的价格调控目标"。

第二点,除了直辖市、计划单列市、各省会城市必须限购之外,各省份的其他城市如果房价上涨太快的话,也可以要求省政府采取限购令。

第三点,也是很多媒体直接摘出来最重要的一条——扩大房产税改革的试点范围。

"新国五条"的核心就是这三点"增量"政策,其他内容基本上都是在复述和强化,没有核心的变化。那么,这三条变化具体影响如何呢?

第一点,为什么要提新建商品住房的价格控制目标呢? 从某种程度上说,地方政府在落实具体调控政策时与中央政府的利益诉求是存在一些偏差的。所以,地方政府在确定住房价格目标的时候,有的时候会打混合账。怎么打呢? 住房市场分两块,一块是商品房,就是老百姓自己花钱买的房子;另一块是保障房,就是政府所提供的安居住房。把这两块的价格放一块统计,就可以把平均市场价格水平拉下来,所以地方政府上报的所谓"新建住房",会将商品房跟保障房放在一起,来掩饰商品房价格过高的问题。所以这次国务院特别强调:就是要控制商品房的价格,别玩猫腻。这是第一个变化,表明地方政府的价格管控压力正在加强。

第二点,限购令不仅没有任何松动的迹象,反而有继续扩大的迹象。以前市场有预期,说"两会"之后限购令有可能在部分领域、部分细节当中有所松动,但是"新国五条"的出台表明,政策不仅没有松动，甚至那些没有被限购的城市将来也有可能被限购，政策非但没有任何动摇，而且将来还有加大力度的可能性。

第三点是房产税试点。关于房产税试点范围要不要扩大的问题，业界一直都存有争议。从 2012 年年底开始，学界的、业界的、投资层面的各种版本的观点都不断出现，而"新国五条"告诉大家，房产税试点改革是必然的。

总体来讲，整个楼市的调控政策不可能松动。更为关键的一点是，新建商品房价格成为调控目标之后，意味着我们以前以量为主的调控措施正在向以价为主的方向转化。房地产调控政策不会有任何松动，政策措施不仅要强化，而且要坚决贯彻实施。

如果房地产市场就像一根野草，想要往上"长"的话，调控政策就会像一块大石头往下砸。孙悟空再厉害，如来佛一翻手掌心，他就被压到五指山下了。最严厉的政策可能会就是这样一条：出售二手商品住房严格按照差价的 20% 征收个人所得税。这一方面表明调控政策的决心非常坚定，但另一方面也说明房地产政策的具体影响正在变得复杂化。从长期来看，这样的政策使得那种以买卖房产赚取差价的投机者"烟消云散"。

如果"新国五条"能够被严格执行的话，中国房地产市场在未来一段时间当中的投机需求将会越来越少。

地产怪圈

当时间走到 2013 年 4 月 17 日,距离"新国十条"的颁布已经过去了三年时间,一线城市房地产市场在经历了冷寂之后,又出现了一轮爆发式增长,调控效果随之被冲淡了。2013 年 2 月"新国五条"的推出,为今后房地产市场调控继续从严奠定了基调,随后 3 月 1 日细则的出台又再一次明确了调控走向。这些迹象无疑表明,楼市正处在一个市场和政策调控的关键时期。

在 2010 年的 1 月和 4 月,国务院相继出台了"国十一条"和"新国十条"文件,其背景是:2009 年为了应对金融危机的影响,政府实行了强有力的刺激政策,所以在 2009 年房地产刚刚开始反弹的时候,很多人说这是小阳春,持续不了多久。但是,没想到从 2009 年开始,中国的房地产市场迅速地甚至是报复性地上涨。到 2009 年年中的时候,很多地方的房价都创出了历史新高,把次贷危机之前的房价全部都超越了。

所以在这样的背景下,2010 年国务院连续出台了两个文件来控制房价。而所谓的"国十一条"和"新国十条",其核心着力点就是信贷政策和税收政策。

比如说,现在常听见的二套房贷的贷款首付比例要提高到七成,就是当时的文件所提及的,以信贷政策为主的房地产调控其实就是从 2010 年开始执行的。然后,税费政策当时也有所涉及,就是我们一直在谈论的,究竟是按总价的 1% 交所得税还是按差价的 20% 交所得税。当时的文件只是给出了选项,最后从执行来看,按差价的 20% 征收个税其实是少有执行的,各地多是按总价的 1% 来征收个人所得税。

如今三年时间过去了,房地产市场仍然在一轮一轮的循环当中保持着相对的强势和火热状态,没有根本性的改变,所以调控政策仍然在不断地加码。但站在三年后的今天来看,可以发现这样一个结论:其实房地产信贷政策加码的空间已经非常匮乏了。政策加码甚至已经顶到天花板了,你不可能把二套房贷的首付款比例提高到九成吧? 完全不给贷款并不现实。

而以差价的 20% 征收个税的政策,也顶到了天花板,这样的政策对市场来说已经达到容忍的上限,甚至于这个上限定得太高,所以各地在执行当中难以真正去落实。所以如果提到"新国五条",房地产市场真正的核心难点在于有效供给难题仍然没有解决。

2013 年 4 月 16 日,国土部发布了 2013 年全年的用地计划,从用地计划来看,是之前五年的平均值的 1.5 倍。但是很快就有专家说:实际土地供应与计划土地供应根本就不是一个概念。一系列的数据表明,实际的土地供应比计划的土地供应要少很多。

有效供给不足的重要原因就在于,地方政府和开发商都是精明的。当市场土地批不出去的时候,地方政府就会囤着土地,让土地在自己手中升值,将来能赚更多的土地出让金;房地产开发商更会认为,如果市场不景气的话拿地干吗呢?干脆让土地流拍。所以,计划用地和实际用地永远都有很大的落差。

所以很遗憾,从三年前的"国十一条"、"新国十条",到三年后的"新国五条",实际房地产供给的增加,包括实际住房供给的增加,远没有达到市场的预期。所以在总量供求关系没有得到缓解的时候,税费只会导致买房者承担更高的成本,却无助于房价真正被遏制住。房地产调控三年循环仍然处于怪圈当中,并没有实质性的突破。

第十二章

如此生活，你幸福吗？

油价超美

　　中国成品油价格到底高不高？这个问题已经有很多的探讨，学界的说法也很多。中国的税费比国外要高，但这件事一直没有得到国内官方的认可。后来，发改委终于承认了，认为中国的油价高于美国主要是因为税收高。我们大体上做了如下的测算：美国税费占成品油价格的13％～15％，而在中国可能要接近30％，由此导致了我国油价偏高。之前老百姓猜测但一直没有得到官方认可的想法终于得到了证实。

但随之而来的问题是,中国油价比美国高,这有什么意义呢?中国油价高,对应的税费也高,可获取的福利是不是一样呢?有调查显示,自从中国的燃油费改成了养路费,国内的二级收费公路统统都免费了。对比美国,美国不仅税比中国低,而且他们的高速公路基本都是免费的。

另外一个案例是来自于彭博新闻社的数据,该社对全球50多个国家和地区做了测算,从成品油的绝对价格来看,中国不算高,大概排在40多位,但这是绝对价格。因为我国居民的收入水平没有另外40多个国家和地区那么高,综合来看,中国的税收、油价负担比例大概在全球排名第四。当然,这只是民间一个独立研究机构的测算,不能保证精准,但具有一定的参考意义。中国油价的实际负担比外国重,这就会成为一个现实问题,我们的油价到底有没有减税、降低价格的空间?

成品油价格怎样才能降下来呢?其实这并不复杂,既然已经承认税费占了油价的30%,那就把这30%是如何征收、如何使用、有无降税空间等问题明明白白地告诉大众,把这账本摊开了,油价就能降下来了。

国家发改委主任张平曾在2013年的"两会"上表示,当时所采取油价的定价机制是以22个工作日为周期,如果平均油价的波动超过4%,就相应地调整油价。这个定价机制看起来有两个明显的缺点:第一是周期太长,第二是有4%的限制。22个工作日,再加上节假日,那就需要一个月左右的时间,而国际油价是每天都在变动的,所以现在的定位机制并不能及时反映油价的变动情况。

从某种意义上来讲,可以跳出油价来观察中国的资源价格改革。油价定价机制的问题非常清楚,改起来也很容易——调整时间可以缩短点,价格波动幅度也可以缩窄一点儿。但这并不是油价问题的关键,成品油定价的背后是原油,我们定价机制的核心是全球三大市场原油价格的加成。但问题在于,中国国内成品油所使用的原油一半是自采的。自采的原油成本比国际上进口的原油成本要低很多,就像是自己种菜比去菜场头的菜要便宜很多,是同样一个道理。但是这部分以自采原油加工而成的成品油,同样是参照国际原油价格来卖,这就会导致机制当中存在问题。

此外,对于整个资源品定价来说,应该适当地放开市场价格机制、尊重市场价格机制。从来没有人保证过,做油的企业就一定要赚钱,亏了就得财政补贴。这是毫无依据的。为什么做油的亏了就要政府补贴,在门口开小卖部的亏了财政能补贴吗?

我们现在既有的成品油定价机制是这样一种逻辑,按照原油的价格得出成本价之后,再加上一个合理的利润空间,就是我们的成品油价格。之前很多人在盯着 22 天和 4% 这两个数字,其实都错了!真正该盯的应该是从原油价格到成品油价格中间这个所谓的"合理利润"到底是什么。

这个所谓合理收益到底是怎么测算出来的,到底有多合理呢?这个价格,说白了是老百姓自己掏的钱,如果成品油亏了,补贴的财政资金也是老百姓掏的钱。合理的价格与合理的利润究竟应以什么来衡量？合理的标准是什么？为什么这些数据不能对外公开呢？所以,问题的产生并不在于市场没有发挥出配置资源的作用和能力,而在于我们的信息、我们的管理制度没有适应市场的变革。

油价就是最典型的例子,将来或许水价、电价,包括天然气的价格,都会涉及一系列资源价格问题,政府的强制管控能力非常强,市场机制在其中发挥的空间不大。这些现象,是需要大家一起去思考的。

蔬菜涨跌

在 2012 年 10 月的时候,有消息称很多北方的蔬菜都烂在了地里,价格非常低。

在有关部门重点监测的 28 种蔬菜当中,有 23 种价格是有所回落的,很多蔬菜都出现了明显的滞销,比如说芹菜,一毛钱一斤都没有人买。

曾经辉煌的生姜,一度被称为"姜你军",但在这个时候有人爆料说,很多姜农嫌姜太占地方,干脆让人全部免费运走,这样就连运费都省了。

对于农产品市场的价格波动,尤其是新鲜蔬菜的价格涨跌,我们不能盲目地进行批判。比如以前有人说"姜你军"、"蒜你狠"这些名词之所以出现,有可能是投机资金在炒作,但是对于新鲜蔬菜来说,几乎不存在投机资金炒作的问题,因为新鲜蔬菜很难储存。一旦储存不好的话,就会存一库的烂菜,投机资金就会被套牢,投机者能把这些烂菜卖给谁呢?

所以,更多的是农产品领域的蛛网理论在发挥效应。比如说大白菜,在 2012 年的夏季大白菜还是热销的,价格还不错,可是到了秋冬季节,农户增加了大白菜生产和种植的数量,需求却没有增加,结果就导致了滞销现象。

然而,更加吊诡的事情是,就在 1 个多月之后,元旦之后的第一周,人们就惊讶地发现,28 种蔬菜竟已经有 27 种蔬菜的价格开始疯狂上涨了,累计涨幅达到了 55%,和冬季的低温相比,菜价像是发了高烧。比如上海,最便宜的蔬菜一斤也得一块五,如果在超市买的话就更贵了,要卖到 3 块,而像芦笋这种本来就偏贵的菜,基本上卖得就和猪肉的价格差不多了。

为什么才一个月左右的时间,蔬菜的价格就开始飙升了,大家又开始觉得价格太高承受不了呢?

农产品市场其实是需要做一个细分的。且不说比较独立的肉类产品,就粮食和蔬菜来看,粮食作物的价格基本上是稳定的。我们经常会说中国的粮食产量连续多少年大丰收了,为什么?因为粮食的供给与需求相对稳定,产品的保质期和保存方法也非常成熟。所以整个粮食市场的供求是相对稳定的,容易激发农民种粮的热情。但新鲜蔬菜就不一样了,蔬菜属于生鲜食品,如果掌握不住这其中的规律的话,对于菜农来说,种得多了卖不完,菜贱伤农;种得少了价格贵,卖不出去,菜贵同样伤农。所以,很多农民是不愿意种菜的。

　　而就菜价的历史经验来看,几乎每年的四个季度都会形成一个 W 型的波动走势:一季度一般菜价在高位运行,道理很简单,因为一季度节日比较多,大家喜欢多买点东西;二季度价格开始逐步回落;三季度是先扬后抑;四季度则是先抑后扬。这个逻辑是非常清晰的。

　　蔬菜价格的波动从某种意义上来讲是一个必然的逻辑,很难用一个政策来完全避免。但是,政府部门工作的基本意义就在于优化协调，这是不可或缺的。

怎么样去优化呢？可以减轻流通环节的费用，尽可能把偏高的价格压下来，把中间能压缩的水分都挤掉。据说，蔬菜中间商每倒一次菜每斤就要加上几毛钱甚至一块钱，所以从田头到菜场一般蔬菜价格能够翻个百分之几十甚至翻倍，这是流通环节的成本，是政府部门需要做的一件事，希望能够把价格削减下来。还有人提建议蔬菜的生产巾场也应该与粮食生产一样规模化，引进工业化大规模的生产模式，这样的话就能够把市场供求平衡起来。但是蔬菜生产经营的模式与粮食不一样，如果进行规模化种植，一旦整个菜价暴跌，那么种得越多就亏得越厉害。

当然，金融保险也是一个可以引入的方法。其实，海外市场针对农产品市场有着一系列的金融产品，包括期权、期货和金融保险政策等。这就使得在农民在大量增加农产品生产的同时，可以买一份看空农产品价格的期权。这其实就是一种对冲，虽然看起来农民的利润有可能会被削薄，但是它也降低了农产品的市场风险。农民如果觉得有风险，就可以去买一份农业保险产品，然后用它来保证自己的收益，虽在不能拿到价格飙涨的暴利，但确实可以避免亏损。

天价物流

2012 年 12 月 26 日，温家宝总理主持召开了国务院常务会议，研究确定了降低流通费用的十项政策措施。

这些措施很重要，为什么呢？之前有人就中国国内的产品流通价格做过测算，比如把北京的一箱货运到广州，严格地按照货车不能够超载的规定来计算，结果运完之后一车要亏好几千块钱。这样一车货物，如果从北京发到美国，反而比在我们国内运送还要便宜。

所以，中国的物流成本是很高的。经常有人说，田间地头的农产品蔬菜价格其实很便宜，但到了最终的销售环节，到达老百姓手里的时候，价格就变得很昂贵。

而买卖中的各方都不满意，卖的一方觉得卖贱了，买的一方觉得买得太贵了，而中间的运输方又觉得赚钱难。问题何在呢？很大一个原因就是外部流通费用过高。几个环节加起来之后，几毛钱的蔬菜到了菜市场上，到了最终的消费者手里，就变成了几块钱，其中流通费占了很大的比重。

有一项调查显示，在我国公路运输过程中，收取的罚款一年就有 2700 亿元。这个数字是什么概念呢？对于投资者来说是一目了然的：中国工商银行全年的利润基本上就这水平。整整 2700 亿元被罚款拿走了。

就比如说将一车货从某地运到外地，中间要经过哪些部门呢？质量检察、工商管理、公路收费、物价管理，每一个环节每一个部门都可能要收取相关税费。成本就这样升上来了。

再举一个例子，面对这样一个流通费用的问题，2011 年 6 月，国家几部委决定联合去整治，说"国内收费公路的问题，我们得好好去查一查"。开始时真的是大张旗鼓,高调推进,但是到了 2012 年 6 月审查结束之后,实际上真正被查处的收费公路有几条呢?完全没有后续行动。

2012 年 10 月,河南郑州的黄河大桥终于停止收费了,很多公众都开始在网上发表言论说:类似于黄河大桥这样的收费问题其实还有很多,为什么只停了一个,其他该停的、该整顿的收费问题为什么没有跟进呢?

所以,国务院会议的导向是非常正确的,但是在实际落实当中,我们期望能有更加突破性的措施。降低流通成本的关键就是要向既得利益者开刀,用治本的措施代替集中整治。

让既得利益群体的利益透明化、公开化,把合理的留下,将不合理的去除,然后让公众更多地享受生活费用降低的社会福利。

养老并轨

新华网曾经做过这样一个调查:在大都市里生活,收入多少才能不惶恐? 调查结果显示,在上海、北京等一线城市,月收入达到 9000 元以上才能够不惶恐,而在成都、大连可能只要 5000 元。

所以,有人就创作了一个段子,狄仁杰大人问元芳说:"元芳,你幸福吗?"元芳说:"大人,什么是幸福? 我只有惶恐!"

大城市的收入看起来挺高,机会也多,但人们依然惶恐。为什么呢？原因在于,我们除了要考虑简单的收入以外,还要考虑保障问题。我们的钱除了要满足现在的花销以外,还要给将来预留一部分,以备养老、医疗、住房、教育等方面之所需,这些花钱的需求都是未来必然要发生的。

在 2013 年 3 月 24 日上午举行的中国发展高层论坛上,财政部部长楼继伟的一句话"社会保险方面的漏洞太多"再度引发了舆论对于社保体制的关注。楼部长称,如果我们不把这些制度的漏洞给堵上,提供一些有约束有激励的机制安排和管理方式,社保有多少钱都会被吃光。

其实,关于养老问题特别是养老的双轨制问题,社会各界的反馈一直是比较强烈的,而我们的调控部门也对此始终保持一种比较积极的态度。这个双轨制毕竟是不合理的。

有一个基本的市场原则,只要有双轨制存在,就会出现不公平。比如,在改革开放初期,钢铁、煤炭的价格是实现双轨制的,然后就出现了批条子、批文的问题,在这中间,只要能倒卖一些批文和条子就能发大财。只要存在双轨制,只要存在不同的定价规则,就会出现经济学上所谓的寻租问题,就会出现投机取巧的问题。这些现象就会对市场产生比较明显的影响。

社会保险也是如此。有一位中国经济体制改革研究会的会长曾说过:两个高工——是指企业当中具有高级职称的高级技术人才——他们的收入之和还比不上一个在机关工作的勤杂工,三个高工的收入还比不上一个小学教师!这里涉及的就是退休金、养老金的水平。在岗的时候,高工的收入与具有高级职称的公务员相差不多。然而一旦退休之后,落差就非常大了。

原因是从1992年我国进行养老体制改革的时候,就把整个社会人群划分成了两类。其中,企业化运作的养老金是根据个人所缴存的养老金年限、总金额,再参照社会平均收入水平来确定的。而公务员系统的养老金还是由国家来承担的,在职过程当中不仅无须缴纳养老金,而且退休以后还会按在职时候的工资水平来发放养老金。所以,这就形成了一个巨大的反差。

为什么会出现这样一种情况呢?有人说中国的经济问题,很多事情都可以追根溯源。往前追溯几十年,你就会发现在新中国成立之初,企业职工在本质上和政府工作人员是一样的。大家都享受着政府全权包办的待遇,职工将来退休了,医疗与养老等福利保障都是由政府来承担。

但为此付出的代价就是,企业员工的工资是很低的。比如在20世纪80年代,某人的工资可能理论上能达到100块,但实际上只发50块。另外50块是被政府拿走了,去作进一步的投资建设,然后作为养老保障来发放。到今天我们发现,之前欠的旧账没能补上来,所以才会导致今天政府的财力只能支撑一部分人的养老福利,这一部分人就是政府的工作人员。

可见,如果把这个旧账算清楚的话,其中的逻辑并不复杂。历史问题需要明确偿付资金来源。如果企业员工在新中国成立以后、改革开放之前付出了很多的代价,而这部分资金是被政府拿去扩大生产和投资了,那么现在这笔资金究竟在哪里?利润花在了哪里?有人算过一笔账,真正国有企业积累的利润,都集中在了大型的国有企业里面。

所以很多人在呼吁,类似于中石油、中石化、中国电信这些大型国有企业,他们的红利是不是应该更多地反哺给这部分企业员工作为退休工资呢?

因此,养老金的待遇并轨势在必行。把历史旧账算清楚,也许有助于显失公平的养老金待遇问题得到合理解决。

医改难题

完善医疗体系是当前民生保障的重中之重,也是当下改革当中不能忽略的一个重要环节。从党的十八大到 2013 年的全国"两会",医改都是最热门的话题。虽然这些年医改取得了巨大的成就,医保覆盖率超过了 95%,但是看病难、看病贵的问题却并没有从根本上得到解决。

"以药养医"一直是医院体系当中老百姓最有意见的问题。

很多人说,去医院看个小感冒花个几百块钱很正常,原因就是医院的收入体系出现了"病症"。医生的收入,包括医院的整体收入不是靠诊疗费用来维护的,而主要是靠卖药获取。

关于卖药,国家规定,医院 100 块钱进的药,可以卖 115 块钱,也就是说医生有 15% 的提成。这样的话,如果医生"有本事"开出一张 1000 块钱的药单,150 块钱提成就到手了。由此,"以药养医"的问题会越来越突出,医生愿意开高价药,愿意用过剂量的药,一般感冒一个礼拜就能痊愈,偏偏要开两个礼拜的药,类似这种逻辑就会泛滥。所以"以药养医"的问题如若能被破解,意味着普通老百姓到医院看病的成本会发生明显下降。

但是,最终梦想会成真吗?

在微博上,有网友提出了这样一个判断:在推出"以药养医"的改革措施之后，挂个号看病几分钟后，病人就会被打发去做检查。这样的改革只会引导医院从"以药养医"逐渐过渡到"以器养医"的阶段，治标不治本。因此，医疗改革需要更加实际的政策出台。

医院的收入主要来自于哪几块呢？理论上讲，公立医院最核心的支撑点应该来自于财政方面的补贴，但是我们看到一个数据，2008年财政直接补助收入只占到公立医院收入的7％。这种状况就倒逼着医院，如果不去以药养医、不去以器养医、不去扩大诊疗费用、不去扩大检查的范围，医院就没有办法维持自己的基本生存。当面对生存压力的时候，公立医院的公立属性要如何去彰显呢？

所以，无论是社会还是经济问题，无论是医疗还是其他保障性话题，说来说去都是一个字——钱。如果钱能够保障好的话，公立医院完全有理由去"姓公"，完全有理由去保证自己的公立属性。

我们与很多医疗机构的工作人员也有所交流，其实他们也不愿意给人开高价药。有些人明显就是低收入群体，得了重病，医生自己开药方的时候手都有点抖。但转念一想，开的这药方能多拿钱、多拿提成，咬咬牙，一闭眼，这药就开出去了。

所以，医疗体制改革已经拉开了序幕，医改的核心在于增加医院的政府财政补贴，否则药费降低也将被其他费用的上涨所替代，在本质上不会有所改变。财政补贴资金看起来很庞大，但究竟被投在了哪里，这是一个很现实的问题。

关于中国的医疗问题，所有人都知道就是两句话："看病难，看病贵"，老百姓意见很大。但是作为对等的另外一方，如果病患作为医疗保障的"需求方"的话，医生作为"供给方"其实意见也很大。

2013年"两会"期间有一个帖子，曾经引发了卫生部门以及一些代表委员的关注，帖子就叫"小医生含泪十问卫生部部长"。其中就围绕"医院体系到底是不是服务业？如果是服务业我们为什么不能赚钱？如果不是服务业的话，政府部门为什么又给不了那么多钱呢"等等矛盾，提了很多问题。

医疗的需求方非常郁闷，作为医疗的提供方其实也非常郁闷。问题的症结究竟在哪里呢？医改的攻坚难题就在于财政投入上，而改革现在来看似乎还需要时间。

很多人都知道医院为什么全出现看病难、看病贵的问题，就是为了通过药品加成获利，由此导致医生更青睐开高价药。有这样一个数据，说某医院做过一项调查，该医院的收入颇高，一年大概有10亿元，而其中卖药收入居然占到50％，医疗耗材的收入大概占20％，而医生的劳务收入其实是很低的。对于医院来说，不卖药赚钱能支撑下去吗？

对于财政补贴的问题，江西省曾经进行过一次尝试，在4家医院启动医改试点，其核心就是取消药品加成，江西省政府当时拿出5000万元来作为补贴，看看医院到底能撑多久。一家医院取消药品加成后形成的财政缺口是每年500万元，4家医院一年下来就会用掉2000万元，5000万元的资金只能撑两年左右。后来，这项实验不了了之了。有人说，如果江西省全省的公立医院都取消药品加成的话,这项资金缺口将会达到 20 多亿元。对于一个中等收入的省份来说,政府是完全没有能力去承受这个压力的。

在 1994 年分税制改革之后,地方政府财政的权限其实是上缴了,拿到的钱被大量上缴到中央财政手中,然而地方政府所承担事务性责任却不仅没有减少,反而增加了。

所以,大家在关注了很多货币政策的改革之后,现在需要关注的是财政政策的改革,因为后者与我们的日常生活才是密切相关的。只有财政政策完善了,人们所担心的住房、医疗、养老、就业等问题才能够得到真正解决。

后　记

　　如果从读者的角度观察,我们可以理解您在阅读本书时的一个困惑,那就是我们所载入的新闻事件,其实都已经成为了"旧闻"。所以,单从时效性上讲,您或许会觉得自己仿佛是在阅读历史,虽然这些历史事件发生的时间并不久远。而这一问题也恰恰是我们撰文成书时的最大困惑,那就是:读者究竟需要阅读什么样的内容? 一些已经发生过的旧闻,是否还能对读者具有足够的吸引力?

　　在经过反复琢磨之后,我们发现其实这并不是一个无解的问题。正如同我们常常讲的一个话题:这世界上的两种经济模式分别是什么? 很多人面对这样的问题,会响亮地回答:"市场经济模式"和"计划经济模式"。参照教科书的逻辑,这样的答案显然是对的。但是在一个财经媒体评论人看来,真正准确的回答应该是"经济模式"和"中国经济模式"。

中国三十多年来的高速发展证明了其经济模式的独特性。体制改革所带来的巨大红利，以及人口众多的独特之处，再加上百姓发自内心的创富热情，让中国的经济模式总是显得那么与众不同。以至于人们常说，谁能够解读清楚中国经济，谁就肯定能拿下首个属于中国人的诺贝尔经济学奖。也正因如此，如果我们从模式分析的角度去看待中国经济，就会发现"时效性"已经不再是最重要的问题。因为，这个模式本身是不会在短期内有所改变的。

中国经济模式的最大特征有两个：一是路径革新，二是路径依赖。文字上的矛盾其实并不代表实质性的冲突。所有当下中国经济发展所取得的成就都是依靠路径革新，从最宏观层面的市场体制改革，到最微观的百姓日常理财方式，财富的创造与取得全都依赖于此。而人类的惰性表明，一旦我们习惯了某种生存方式之后，都会在潜意识里拒绝新的变化，哪怕这种变化是积极有效的。所以，路径依赖在中国同样存在。

投资拉动是中国经济三十年增长最直接的动力，而改变、优化这一动力的尝试也持续了至少十几年。但很遗憾的是，至少到今天为止，我们还没有看到任何实质性的变化。更为重要的是，随着时间的推移，路径革新的成效开始递减，而路径依赖的症状开始加强。一种被称为"既得利益群体"的人开始左右或制约着下一步的路径创新。他们享受着之前路径革新所带来的福利，同时也惧怕下一步路径革新所带来的影响，由此使得路径依赖成为了一个现实的无奈结局。

在可以预见的未来，我们很难期望这一状况被彻底解决，路径依赖的症状还会继续下去。而同样因为这个因素,既往已经发生的新闻也将会不断地重现。从这个意义上讲,本书中所载入的评论事件本身并不存在所谓"过时"的问题。恰恰相反的是,只有当我们读懂了已经发生了的事情,才能够更好地解读正在发生的事情,也才能够更清晰地预见财经世界的未来。

同样的,既然新闻事件会在逻辑一致的前提下重复发生,作为财经评论工作者,我们的电视评论和图书出版也将会循环往复。也就是说,在不久的将来,我们期望以"财经关键词"为主题的系列图书仍将能够不断面世。我们将继续在电视荧屏上与图书中,与您一起观察财经商业世界。我们既要为所有的进步,哪怕只是微小的进步而一起欢呼,但同时也要为我们理想中的商业世界、更加完美的市场体制而不断地重复表达,哪怕这些表达未必能够改变什么。因为媒体其实并没有人们想象中那么强势,但不断重复地表达至少能够帮助公众更加清晰、客观地看懂财经社会,这也正是一个财经评论员最基本的职业诉求。

作为专职的财经电视人,我虽然也会经常撰写评论文章,但却绝对不敢自称熟知图书出版工作。因而,面对此书的问世,只能用忐忑两个字来形容自己的心情。期望今后的系列图书能够更加完美。在此感谢所有参与电视制作的各位同仁、特别是各位幕后英雄,也要感谢各位专家朋友的鼎力推荐,同时对蓝狮子财经出版中心及浙江大学出版社各位编辑朋友辛苦的努力和付出表示诚挚谢意!

马红漫

2013 年夏于上海

图书在版编目（CIP）数据

关键词里看中国：财经热词背后的中国经济真相 /
马红漫著. —杭州：浙江大学出版社，2013.10
ISBN 978-7-308-12262-7

Ⅰ.①关… Ⅱ.①马… Ⅲ.①中国经济－通俗读物
Ⅳ.①F12-49

中国版本图书馆 CIP 数据核字（2013）第 219254 号

关键词里看中国——财经热词背后的中国经济真相
马红漫 著

策　　划	杭州蓝狮子文化创意有限公司
责任编辑	曲　静
文字编辑	杨　茜
出版发行	浙江大学出版社
	（杭州市天目山路 148 号　邮政编码 310007）
	（网址：http://www.zjupress.com）
排　　版	杭州中大图文设计有限公司
印　　刷	杭州日报报业集团盛元印务有限公司
开　　本	880mm×1230mm　1/32
印　　张	6.875
字　　数	136 千
版 印 次	2013 年 10 月第 1 版　2013 年 10 月第 1 次印刷
书　　号	ISBN 978-7-308-12262-7
定　　价	32.00 元

浙江大学出版社发行部联系方式：0571－88925591；http://zjdxcbs.tmall.com